恩格斯传

[英]戴维·麦克莱伦/著
(David McLellan)
臧峰宇/译

Engels

中国人民大学出版社
·北京·

中文版序言

这部关于恩格斯生平和思想的小传能够呈现在中国读者面前，我感到非常高兴。

社会失调问题在一个国家总会不可避免地出现，经济发展如此迅速的中国也遇到了这些问题。恩格斯富有洞察力地为我们描述了 19 世纪 40 年代的生动图景，必然会引起对此感兴趣的中国读者的关注。他的《英国工人阶级状况》一书仍然是关于快速工业化进程对城市和国家的均衡发展造成威胁的经典阐述。

尽管恩格斯做出了突出的贡献，但他谦虚地低估了自己，他说自己是天才的马克思的“第二小提琴手”。在马克思逝世后的 12 年里，恩格斯为马克思主义学说的发展留下了不可磨灭的印记。他在《反杜林论》中所提供的一种形而上学唯物主义的基础对苏联哲学产生了持续的影响。而他在晚年书信中对经济基础与思想上层建筑之间关系这一争论不休的问题所做的评论乃是整个20世纪西方马克思主义哲学家讨论的出发点。这种情况同样适用于他对革命的暴力作用所做的评论。

恩格斯清晰而简洁的写作风格使他的著作非常容易被理解。我们——在中国和西方——仍能从他的贡献中受益良多。

我很感谢学界同人臧峰宇博士对本书的关心和重视，他承担了翻译本书的艰巨任务。

戴维·麦克莱伦

于英国坎特伯雷

前　　言

下面的文字力图对恩格斯的生平和思想做简要说明。本书开始于一篇传略，在接下来的几章中论述了恩格斯思想的各个方面，旨在归纳恩格斯（主要通过与马克思的比较）对马克思主义传统的原创性贡献。正是最后的部分表明，恩格斯显然是一位现代思想大师。这是事实，他确实在诸如人类学、城市社会学和游击战术这些不同的领域做了某种开创性的工作；但是，他影响现代世界的主要观点表明，正是他为后来被称为辩证唯物主义的世界观进行了决定性的塑形。数以百万计的忠实于正统共产主义的人对共产主义学说的理解主要受惠于恩格斯——至少在历史学和哲学领域。

我很感谢我的朋友盖伊·夏普（Gay Sharp）和格雷厄姆·托马斯（Graham Thomas），他们阅读了本书的部分手稿并改进了它。

目　录

第 1 章

生　平

我的状况是：74 岁了，我开始感觉到这一点，而工作之多需要两个 40 岁的人来做。真的，如果我能够把自己分成一个 40 岁的弗・恩格斯和一个 34 岁的弗・恩格斯，两人合在一起恰好 74 岁，那么一切都会很快就绪。但是在现有的条件下我所能做的，就是继续我现在的工作，并尽可能做得多些好些。

——恩格斯

恩格斯（1891 年，伦敦）

恩格斯的家族血统或他所受的教育都不能让他预示到未来的革命。一个繁荣的商业家族，具有强烈的宗教精神，而对学习的轻视（甚至不允许恩格斯完成他的学业）使得它似乎不是培育社会主义知识分子的沃土。这个家族的财产，根据它的一个传统，源自胡格诺派，是由恩格斯的曾祖父约翰·卡斯帕尔·恩格斯牢固确立的。他在位于莱茵省杜塞尔多夫附近的巴门创建了一家漂白和纺纱工厂。恩格斯的父亲与戈弗雷·欧门和彼得·欧门合股，创办了一个繁荣的企业，该企业在巴门和曼彻斯特都有工厂。他的妻子，一个比他更温和、更敏感和更幽默的人，来自一个荷兰的教师家庭。他们的儿子弗里德里希，生于 1820 年 11 月 28 日，是家里八个孩子中的长子。

巴门坐落在德国工业化程度最高的地区——它被称为“小曼彻斯特”，为工业革命的发展及其影响提供了持久的证据。作为对法国大革命的理性主义的反对，它还是一个在 19 世纪早期繁荣起来的的严格的虔信派的中心。像英国的清教徒一样，虔信派固守《圣经》的字面真理，不能容忍不同的意见，反对世俗享乐的追求。恩格斯父亲经商的热情堪比其对教会的依恋，而青年弗里德里希的早期生活是通过反对这两者的斗争来塑造的。

恩格斯的故乡巴门（1840 年前后）

在他学习生涯的最后几年，恩格斯决定将他的生命献给文学，但他的父亲坚决要求他进入在巴门的家族企业——他确实在 16 岁时就过早地花了一年时间初学商业，并用自己的业余时间写诗。1838 年，恩格斯的父亲让他在不来梅的汉萨同盟

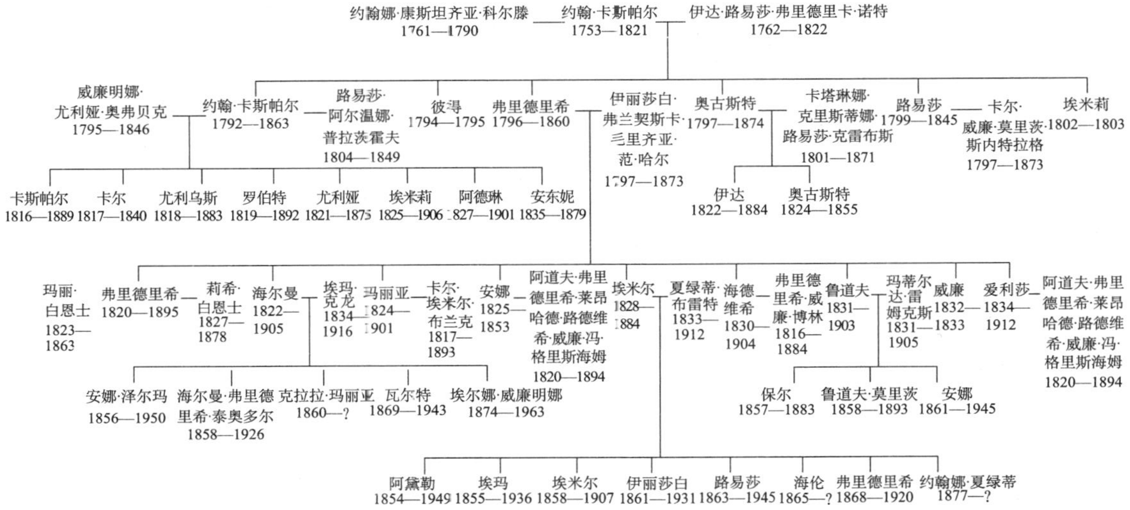

恩格斯家谱

资料来源：中共中央马克思恩格斯列宁斯大林著作编译局编：《恩格斯画传》，重庆，重庆出版社，2012。

港区继续当商业学徒。在这里，恩格斯开始享受以前在巴门狭小的范围内不可能有的经历。他在洛伊波尔德领事的办公室里帮忙，作为一个不拿薪水的办事员，工作不受严格监督，在办公的时候有大量喝啤酒和读书的时间。恩格斯有一处自己的住所，充分享受着不来梅这个国际化大都市的社会生活。他写信给他的一位朋友说："时代的洪流必将淹没你们安宁的王国，那时你们就会不知所措。工作，生活，青年人的勇敢精神——这才是实实在在的！"① 他如饥似渴地广泛阅读。特别是他对宗教的看法开始在攻击正统基督教教义基础的神学家施特劳斯和施莱尔马赫的影响下发展：我已经得出了结论，仅当它能在理性面前为自己辩护时，才把教义看作神圣的。他开始在不来梅发表的文章中表达这些发展着的观点。这些文章主要包括对不来梅社会生活的生动描述，也包括对伍珀河谷的社会生活的一系列刺骨的批评。恩格斯宣称自己是青年德意志运动的追随者，这个文学运动的成员（最突出的是诗人海因里希·海涅）在政治上很激进，在宗教上很自由，而且对社会问题有浓厚的兴趣。但是，恩格斯很快就发现，他所选择的文学生涯并不能令人满意，从而转向了哲学。那时，柏林大学是德国领先的大

---

① 《马克思恩格斯全集》，中文2版，第47卷，261页，北京，人民出版社，2004。

学，也是对恩格斯开始有很大吸引力的激进黑格尔主义的中心。因此，他很高兴在1841年4月离开不来梅，回家半年之后，到柏林去服兵役，在近卫军步炮兵连做一年制志愿兵。他立即加入了青年黑格尔派——一群想运用黑格尔的思想特别是辩证法和否定性的思想对当时的宗教和政治进行批判的年轻知识分子的团体。黑格尔将历史视为精神的发展过程，其中每一个历史时期以及随之而来的观念都是自然而然的阶段，因为它们都将被下一个阶段辩证地否定和超越。青年黑格尔派希望探索未来的道路，他们认为，在自己时代的宗教和政治观点中注定会产生一种更令人满意的世界观。正如恩格斯自己后来写道的：

> 黑格尔的整个学说，如我们所看到的，为容纳各种极不相同的实践的党派观点留下了广阔场所；而在当时的理论的德国，有实践意义的首先是两种东西：宗教和政治。特别重视黑格尔的**体系**的人，在两个领域中都可能是相当保守的；认为辩证**方法**是主要的东西的人，在政治上和宗教上都可能属于最极端的反对派。①

---

①《马克思恩格斯选集》，2版，第4卷，220页，北京，人民出版社，1995。

恩格斯到柏林的时候，正值青年黑格尔派运动短暂的兴盛期。在弗里德里希·威廉四世颁布的书报检查令被短暂解除之后，路德维希·费尔巴哈刚刚出版他的《基督教的本质》。这是一部融合了唯物主义和在他的青年黑格尔派同人中引起普遍热情的人道主义的论著，它表明宗教只是人们与生俱来的欲望和能力在上帝身上的投影。在恩格斯看来，"我们一时都成为费尔巴哈派了"①。恩格斯到柏林的时候，又恰逢老谢林为自己被大肆赞扬的课程做就职演讲，在年轻的时候，谢林是黑格尔的朋友和同事，但此时被政府召回柏林，以遏制激进的黑格尔主义思潮。恩格斯在两个匿名的小册子里攻击谢林以相当神秘的方式捍卫的正统基督教，这标志着他在青年时代与宗教的最后决裂。

这两个小册子对黑格尔主义的有力辩护和对正统宗教的蔑视引起了人们的广泛关注，人们很想知道作者是谁——起初被认为是巴枯宁。

1842 年 10 月，恩格斯服兵役结束，到科隆去旅行，这次旅行使他的生活有了明确的方向。他回家途中在科隆停留的直接目的是与《莱茵报》的编辑见面。这是一份激进的报纸，由

① 《马克思恩格斯选集》，2 版，第 4 卷，222 页。

基督教礼贤会[1]的工业家创办，旨在宣传他们的自由主义学说，该报为柏林的青年黑格尔派开设了专栏。该报的发起人——至少在刚开始的时候——是莫泽斯·赫斯，他以“共产主义的拉比”著称。像恩格斯一样，他来自一个繁荣的商业家庭，并教导自己迈向共产主义。在以婉转的风格和近乎救世主的语气撰写的系列著作中，赫斯在青年黑格尔派中第一个宣讲共产主义学说。受到法国的社会学特别是圣西门积极强调工业

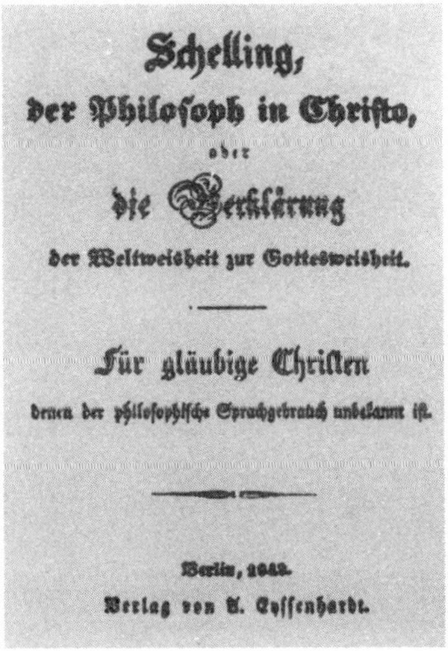
Schelling,
der Philosoph in Christo,
oder
die Verklärung
der Weltweisheit zur Gottesweisheit.
Für gläubige Christen
denen der philosophische Sprachgebrauch unbekannt ist.
Berlin, 1842.
Verlag von A. Eyssenhardt.

Schelling
und die
Offenbarung.
Kritik
des neuesten Reaktionsversuchs
gegen die
freie Philosophie.
Leipzig,
Robert Binder.
1842.

恩格斯写的两个小册子《谢林——基督哲学家，或世俗智慧变为上帝智慧》《谢林和启示》的扉页

① 该会起源于德国莱茵省乌柏图的巴冕城，礼贤系莱茵（Rhenish）的直译，属于基督教新教教派信义宗。——译者注

发展的空想社会主义的强烈影响，赫斯转向了黑格尔的具有未来指向的哲学，并声称费尔巴哈哲学的人道主义和法国的阶级斗争观念就要通过共产主义革命在经济最发达的国家——英国被付诸实践了。

这些思想对恩格斯产生了深刻的影响。赫斯记述了他们之间的会面："我们谈了一天的问题。恩格斯在与我会面的时候是彻底革命的，他给我留下了一个充满激情的共产主义者的印象。"恩格斯因此决定，通过前往他父亲在曼彻斯特——位于英国未来工业核心地带——的工厂工作一段时间，将他的商业生涯和政治兴趣结合起来。当他在此途中再次在科隆停留的时候，遇到了《莱茵报》的年轻主编——卡尔·马克思。这是一次冷淡的会面。恩格斯只是将马克思视为柏林青年黑格尔派的代表人物，但在这一点上马克思与他们决裂了，因为在马克思看来，他们认为这份报纸应当成为"**神学**宣传和无神论等等的工具，而不作为一个进行政治性争论和活动的工具"①。然而，到英国之后，恩格斯以马克思所希望的方式继续为《莱茵报》撰稿。

① 《马克思恩格斯全集》，中文1版，第39卷，452页，北京，人民出版社，1974。

从 1842 年到 1844 年住在曼彻斯特的这段时间对恩格斯学术思想的发展是决定性的。他后来写道："我在曼彻斯特时异常清晰地观察到，迄今为止在历史著作中根本不起作用或者只起极小作用的经济事实，至少在现代世界中是一个决定性的历史力量；这些经济事实形成了现代阶级对立所由产生的基础；这些阶级对立，在它们因大工业而得到充分发展的国家里，因而特别是在英国，又是政党形成的基础，党派斗争的基础，因而也是全部政治历史的基础。"[①]

19 世纪 40 年代的曼彻斯特

① 《马克思恩格斯全集》，中文 1 版，第 21 卷，247 页，北京，人民出版社，1965。

当时，恩格斯在曼彻斯特继续为德国的报纸写通讯，特别是他将两篇文章寄给了《德法年鉴》，这是马克思在《莱茵报》遭到查封之后去巴黎主编的刊物。其中一篇题为《国民经济学批判大纲》的文章，以鲜明而简洁的语言宣告了这一思想：工人阶级的穷困和随之而来的革命是不可避免的。它直接导致马克思关注经济学的主题。因此，当恩格斯 1844 年 9 月在回莱茵省的途中经过巴黎时，他和马克思的会面与两年前完全不同了："当我 1844 年夏天在巴黎拜访马克思时，我们在一切理论领域中都显出意见完全一致，从此就开始了我们共同的工作。"①

恩格斯回巴门最迫切的任务是将他在曼彻斯特搜集的材料写成一篇谴责英国早期资本主义的经典文本——《英国工人阶级状况》。具有讽刺意味的是，这是恩格斯在他父亲家里衣食无忧的时候写的。因为他还帮助赫斯组织公众集会，扩大共产主义的宣传，因而他与父亲的冲突是不可避免的。对此，恩格斯给我们留下了一段生动的描述：

> 我现在过的完全是不堪忍受的生活。由于集会的事情和本地的一些共产主义者（我自然同他们时有交往）的

① 《马克思恩格斯全集》，中文 1 版，第 21 卷，247 页。

“行为不检”，又使我的老头爆发了宗教狂热病。我宣布绝对不再搞生意经，他气得就更厉害了，而我公开以共产主义者的身分出面讲话就更引起了他那本来就已十分道地的资产阶级狂热。我的处境你现在可以想象得到。由于两星期左右我就要离开，我也不想挑动争吵了，我闷着头忍受一切。他们对此却不习惯，因而更增长了他们的气焰。……对我的“灵魂”进行的这种基督教式的征讨是多么刁恶，你是无法想象的……①

《英国工人阶级状况》

紧张的关系变得如此糟糕，因此，恩格斯最终决定到布鲁

① 《马克思恩格斯全集》，中文 1 版，第 27 卷，30～32 页，北京，人民出版社，1972。

塞尔与马克思汇合。随后的三年是恩格斯在退出商界以充足时间投身于政治活动之前唯一一段没有被他的商业重负烦扰的岁月。

他们比邻而居，潜心从事这两项工作计划：详细介绍他们获得的新世界观，并使之为新兴的工人运动所接受。1846 年夏天，这两位朋友去英国旅行，恩格斯在那里可以为马克思做向导，他们回去之后共同创作了《德意志意识形态》——一部针对他们此前的青年黑格尔派同人，旨在进行“自我清算”并涵盖对他们曾表述过的唯物主义历史观大概是最广泛的阐述的丰富的论战性文本。

为了使他们的观点为人们所接受，恩格斯和马克思不得不对在巴黎、布鲁塞尔和伦敦蓬勃发展的德意志流亡工人协会产生一些影响，并取代以往使他们受到鼓舞的相当模糊的乌托邦式的社会主义。在当时的德国工人看来，恩格斯“身材魁梧匀称，举止敏捷稳健，说话简洁有力：气概英武，像一个军人一样。他非常乐观，谈吐诙谐而中肯。凡是和他接触的人，立刻就会得到一种印象：这是一个天赋极高的人”①。恩格斯在经

① 这是德国工人运动活动家弗里德里希·列斯纳的评价。参见［德］弗·列斯纳：《一个工人对弗里德里希·恩格斯的回忆》，中共中央马克思恩格斯列宁斯大林著作编译局编：《回忆恩格斯》，57 页，北京，人民出版社，2005。

《德意志意识形态》手稿

济上仍然靠家庭资助。他在巴黎花了几个月的时间使德国工人改变政治信仰。主要的流亡者组织——正义者同盟——原来在那里开展活动，它的中心这时在伦敦。1847 年初，正是从那里来的一位使者请求恩格斯和马克思帮助，为同盟起草一个理论和行动连贯的纲领。1847 年 6 月，恩格斯作为巴黎代表到伦敦参加同盟大会；同年 11 月，他和马克思参加了最后一次会议，会上委托他们起草一份共产党宣言——同盟同时更名为共产主义者同盟。恩格斯创作了最初的草稿，马克思创作了最终版本，但是，在它打算被发布之前，1848 年在巴黎开始的摇撼大多数欧洲国家统治的一系列革命爆发了。

在巴黎作短暂的停留之后，恩格斯和马克思开始住在科隆。在被新赋予结社和言论自由的前提下，共产主义者同盟因为不必要而被解散了，于是，这两位朋友把注意力转向了新闻事业。

作为马克思主编的《新莱茵报》的主要助手，恩格斯在 1848 年欧洲革命这个奇迹迭出的一年中发挥了积极的作用。他是这份销路广泛且订量不断增加的报纸的激进的记者。这份报纸旨在比激进的资产阶级猛烈地反对君主制更直接地推动工人阶级的事业。他的文章主要研究外交政策，而生动的风格和及时的报道使他成为不可或缺的记者。然而，到 1848 年秋天，德国革命的危机已经过去了，恩格斯作为反政府示威活动中的著名人物而逃亡法国，因为德国政府对他发出了逮捕令。

在这段时间，反革命者正准备进行决定性的打击，恩格斯决定开始在法国的徒步之旅。他悠闲地穿过塞纳河谷、卢瓦尔河谷和勃艮第地区，来到瑞士。他将观察到的法国农民深深的保守特征和令他感到愉快的“最甜美的葡萄和最可爱的女孩”都热情地写进游记。

直到 1849 年 1 月中旬，恩格斯还留在瑞士，这时他被逮捕的可能性已经大为降低了，因而他可以回到科隆。但是，革命的浪潮几乎已经过去了，《新莱茵报》也在这年 5 月被查封了。当时在莱茵省和南德意志爆发了激烈的民众起义，恩格斯回到他的家乡爱北斐特，用他的军事才能为起义者效力。然而，公民民兵中更多的中产阶级分子认为，恩格斯的存在可能会使人们“对运动的性质产生误解”，并要求他退出。（恩格斯的故事被聚焦在炮兵部队的经历，他在去教堂的路上遇到他父亲这件事①未得到证实。）恩格斯唯一的方式就是将重点放在农民和德国西南部小资产阶级的武装抵抗上，他在这场凄惨的战役中全程担任起义军指挥官维利希的副官。在决战失败后，恩格斯经热那亚乘船去伦敦，与在流亡中的马克思会合。

恩格斯在伦敦住了一年。在这段时间里，他协助马克思在共产主义者同盟重组后的中央委员会开展政治活动。虽然宪章运动几乎已经结束了，伦敦正在准备 1851 年的世界博览会，但是恩格斯和马克思在这个短暂的时期对欧洲大陆爆发新兴革命的紧迫性保持着乐观的态度。然而，到 1850 年秋天，马克

---

① 据恩格斯·冯·艾内恩记述，这次战斗有一段插曲：恩格斯和他的父亲相遇了，老恩格斯目睹儿子的作为，感到恼怒万分。这次经历对他们日后的关系有决定性的影响，从此老恩格斯发誓不再给恩格斯一分钱，后来恩格斯也只是同父亲保持“冷淡的商业关系”。参见［德］曼·克利姆：《恩格斯文献传记》，215 页，长沙，湖南人民出版社，1986。——译者注

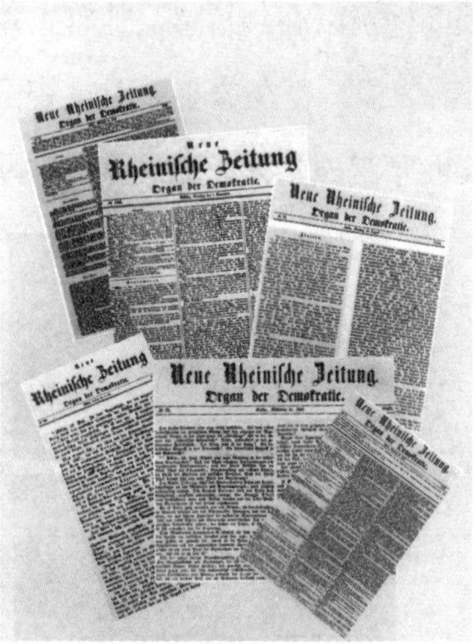

Neue Rheinische Zeitung.
Organ der Demokratie.

Neue
Rheinische Zeitung
Organ der Demokratie.

Abschiedswort der Neuen Rheinischen Zeitung.

An die Arbeiter Kölns.

左图为恩格斯和马克思在《新莱茵报》上发表的文章，
右图为《新莱茵报》终刊号

思已经得出了结论：这样的事件将不得不等待一场新的经济危机。因而，他与同盟中那些坚持认为不论经济情况怎样都要掀起一场革命的人决裂了。主要是因为遇到资金的压力，恩格斯决定接受他父亲的建议，加入在曼彻斯特的家族企业。他在 1850 年 11 月到那里，时年 30 岁。他想尽快回到伦敦参加新兴起的革命的期望被证明是虚幻的：他后来在曼彻斯特一直住了 20 年。

恩格斯在曼彻斯特的生活基本上是双重的，在商业和共产主义之间一分为二。他不喜欢曼彻斯特，而且同意宪章运动领导人哈尼的观点：“宁愿被绞死在伦敦，也不愿平平静静地死

19 世纪 50 年代的伦敦

在曼彻斯特。”他发现办公室工作单调乏味、浪费时间——虽然他的职位和身份变得更重要了。欧门-恩格斯公司雇用了大约 800 个在专业生产缝纫线的流程中的工人。这家公司是由彼得·欧门和戈弗雷·欧门兄弟俩经营的，恩格斯虽然在名义上只是一个高级办事员，但他通过密切关注他父亲的资本是否可能被滥用，力图让自己在他父亲看来是不可替代的。“困难在于，”他向马克思解释道，“必须取得在与欧门的关系上作为我的老头的代表的正式地位，而在这里公司内部仍不担任负有工作责任和领取公司薪水的**任何**正式职务。”[①] 他所谓的“和我

① 《马克思恩格斯全集》，中文 1 版，第 27 卷，224 页。

的老头的计谋”大体上是成功的，到 1854 年，恩格斯的年薪中增加了利润份额，这使他的年收入在 19 世纪 50 年代末达到了现今[①]看来的将近20 000英镑。

恩格斯大部分时间都与玛丽·白恩士住在城郊一栋有露台的房子里，玛丽是他第一次到曼彻斯特时认识的一个爱尔兰工人阶级女孩。作为一个革命作家，他在这里度过了夜晚和周末的业余时间。然而，他在市中心还有一栋单身寓所，他在那里招待自己在商界的朋友们。恩格斯是多么会使自己放松啊，特别是他通过饮酒来消遣：十几岁的爱琳娜·马克思曾描述过有一次在酷暑时节到曼彻斯特的时候，“女士们整天都躺在地板上，喝啤酒、红葡萄酒等”。恩格斯从社交聚会上回来的时候“烂醉如泥”，至少还有他的一个朋友“喝得烂醉，我们不得不在家里为他添一张床”。

恩格斯与玛丽·白恩士之间的关系似乎是特别愉快的。当她在 1863 年突然去世时，他写信给马克思说：“我无法向你说出我现在的心情。这个可怜的姑娘是以她的整个心灵爱着我的。”“我感到，我仅余的一点青春已经同她一起埋葬掉了。”[②]

---

① 这里指的是 20 世纪 70 年代中后期。——译者注

② 《马克思恩格斯全集》，中文 1 版，第 30 卷，308、314 页，北京，人民出版社，1975。

不久之后，她的妹妹莉希搬来代替了她的位置。恩格斯后来写道：莉希“是一个地地道道的血统的爱尔兰无产者，她对本阶级的天赋的热爱，对我是无比珍贵的，在关键时刻，这种感情给我的支持，比起‘有教养的’、‘多愁善感的’资产阶级小姐的细腻和小聪明可能给予的总要多些”①。

恩格斯还从事了一些曼彻斯特的资产阶级们喜爱的活动：他参加了哈雷音乐会；他买了一匹好马，并经常骑着它去柴郡狩猎；他是两个人气兴旺的俱乐部——阿尔伯特俱乐部和席勒协会的杰出会员，他最终成为席勒协会的会长。马克思和恩格斯每年都多次相聚在伦敦或曼彻斯特。恩格斯在曼彻斯特有一个很大的朋友圈，其中包括龚佩尔特博士；一位杰出的儿科医生和塞米尔·穆尔；一位律师，他后来将《资本论》译成了英文；还有卡尔·肖莱马，在有机化学领域占据了英国的第一把交椅。

这种频繁的社交生活与大量的活动结合在一起，促进了共产主义事业。恩格斯经常以马克思的名义为《纽约每日论坛报》撰稿，因为他的这位朋友没有时间，起初也没有运用英文

① 《马克思恩格斯全集》，中文 1 版，第 38 卷，299 页，北京，人民出版社，1972。

的必要的能力。恩格斯撰写的主要是关于克里米亚战争和近东与远东事件的文章，而且还创作了两个反对波拿巴主义的小册子。这些新闻稿基于对历史和军事科学文献极其广泛的阅读——包括一部从未出版过的关于爱尔兰历史的大部头手稿。恩格斯还认真跟踪细胞学说和能量定律公式的最新进展。

恩格斯与马克思及马克思的三个女儿（1864年，伦敦）

这种生活节奏和商业焦虑损伤了恩格斯的健康——腺热①、痔疮以及 1860 年因他父亲逝世和随之而来的关于家族企业未来的谈判所造成的精神崩溃。他的妹夫埃米尔·布兰克不得不从德国赶来，因为恩格斯——用他自己的话说——“很难决定走这一步”。在这件事上，燕妮·马克思希望恩格斯成为“一个大棉纺厂厂主”的愿望实现了：他父亲的遗产使他可以将 10 000 英镑的资产投入企业，成为享有 20%的利润份额和 5%的资本权益的合伙人。他与欧门兄弟的紧张关系还在继续着，恩格斯很高兴能够通过 1869 年的谈判让他在 50 岁的时候退休，过上自由自在的绅士生活。爱琳娜·马克思写道：

> 有一次我到他家里去，这时这种苦刑式的工作快要结束了，我才知道这些年对他说来是什么滋味。我永远不会忘记，那天早晨他穿上皮靴最后一次去营业所，他喊得多么高兴：“最后一次了！”几小时以后，我们站在大门口等他回来，只见他从门前的一小片田野里走过来，挥舞着手杖，容光焕发地唱着歌。然后我们就像过节一样大吃一

---

① 即传染性单核细胞增多症，是由 EB 病毒感染引致的一种急性传染病。——译者注

顿，喝香槟酒，陶醉在幸福中。①

1870 年搬到伦敦后，恩格斯在瑞琴特公园路租了一栋很大的房子，距他几乎每天都要去的马克思家大约有 15 分钟的步行路程。莉希·白恩士在 1878 年逝世——恩格斯在她临终前与她举行了结婚仪式——她的侄女庞普斯为他料理家事。在 1883 年马克思逝世后，恩格斯的朋友们敦促他回德国。“但是，”他回答道，“为国际社会主义运动工作了 50 年，这使我不可能使自己成为任何一个国家的社会党的代表人物。”他决定仍旧留在伦敦他的“安静的避难所”。海伦·德穆特为恩格斯当了七年的管家，最后，由卡尔·考茨基的前妻，德国社会民主党的一位青年理论家路易丝来接替她。每当周末，恩格斯都会招待他在伦敦的朋友们，并敞开房门接待国外来访者。爱德华·艾威林，即爱琳娜·马克思的同居男友写道：“其他国家的社会主义者，都把瑞琴特公园路 122 号当作自己的麦加城。”②

恩格斯终于从商业的重担中解脱出来了，现在他可以用充足的时间全身心投入研究社会主义理论并为日益壮大的社会主

① ［德］爱琳娜·马克思-艾威林：《弗里德里希·恩格斯》，见中共中央马克思恩格斯列宁斯大林著作编译局编：《回忆恩格斯》，39～40 页。

② ［英］爱德华·艾威林：《将军的家庭生活》，见中共中央马克思恩格斯列宁斯大林著作编译局编：《回忆恩格斯》，48 页。

义政党担任政治顾问的双重事业中了。19 世纪 70 年代，他花了“八年中的大部分时间”来研究自然科学和数学，撰写了在他逝世后出版的《自然辩证法》研究手稿。他对史前史和人类学有持久的兴趣，这使他撰写了深受欢迎的著作《家庭、私有制和国家的起源》并于 1884 年出版。但是，他的著作中得到最广泛传播的是 1878 年反对社会主义知识分子欧根·杜林的一部论战性的作品，其中涵盖了“马克思主义”关于世界的系统的、全面的解释。在“反杜林论”这一标题下，该书成为对全新一代的马克思主义者的基本指南。

然而，恩格斯将最主要的精力投入在编辑马克思的《资本论》草稿上。马克思逝世后，恩格斯对研究这些实际上非常粗糙的草稿感到沮丧。他写信给倍倍尔说，“要是我知道的话，就会使他日夜不得安生，直到此书写成并印出来为止。这一点，马克思比谁都知道得更清楚”[①]。恩格斯是唯一能够破译马克思难以辨认的象形文字的人，尽管他视力的问题越来越严重，他还是设法通过向秘书口授而编辑完成了《资本论》第 2 卷并于 1885 年出版。事实证明，编辑更为零散的第 3 卷要困难得多，最终花了 10 年时间才完成。在他逝世前，恩格斯将

---

① 《马克思恩格斯全集》，中文 1 版，第 36 卷，57 页，北京，人民出版社，1975。

破译马克思笔迹之谜的方法传授给考茨基和爱德华·伯恩施坦——党的两个主要知识分子，而正是考茨基后来编辑了《剩余价值理论》，也被称为《资本论》第4卷。

这项学术研究与对社会主义运动的密切关注并行不悖。恩格斯的精力主要集中在德国社会民主党上，尽管在19世纪80年代颁布了俾斯麦的反社会主义非常法，但到恩格斯逝世的时候，该党已发展成为德国最大的政党。德国社会民主党1875年在哥达合并代表大会上成立，恩格斯和马克思一起精力充沛地批判在纲领上向他们的主要论敌费迪南·拉萨尔的追随者们所做出的让步。恩格斯不断地在信件和文章中反对党内的这种倾向——社会主义的形成所基于的阶级斗争要素比他预想的少。然而，1891年，他为帮助爱尔福特代表大会起草了一个彻底的马克思主义纲领而感到欣慰。他还经常影响新一代的马克思主义领导人：威廉·李卜克内西，从19世纪40年代起就是马克思和恩格斯的追随者；奥古斯特·倍倍尔，从萨克森的一个车工成长为党组织的主要缔造者；爱德华·伯恩施坦，党报的主编，很快成为修正主义运动的主角；卡尔·考茨基，一个来自布拉格的年轻记者，在恩格斯逝世20年后成为党的主要理论家。此外，恩格斯保持着与世界各地的通信。“每天，”马克思的女婿拉法格写道，“一个包括以各种欧洲语言撰写的

恩格斯生前留下的最后一张照片（1893 年）

书信和报纸的邮件被送到他家，而令人惊讶的是，他是如何找时间在他的其他工作之余翻阅，有序存放并记住它们的主要内容的。”

然而，渐渐地，身体欠佳削弱了他的工作能力。风湿病、支气管炎和视力微弱使他有时候一连几周卧床不起。他在庆祝70岁生日的时候仍然能够保持自己的风格：“我们一直到清晨三点半才散，除红葡萄酒外，还喝了十六瓶香槟酒，清晨又吃了十二打蠔。你可以看出我尽力向人表示自己还是那样生气勃勃。”[①] 恩格斯还曾旅行：1888年，他在美国访问了两个月，而在1892年，他为之工作的第二国际达到了高潮，他被邀请参加即将胜利闭幕的苏黎世代表大会。然而，1895年夏天，很明显的是，恩格斯患了喉癌，他在这一年的8月逝世。他给马克思的女儿们留下了他3万英镑遗产中的大部分。爱琳娜继承了他父亲的书信和手稿，其余的由伯恩施坦和倍倍尔保管。按照他的遗愿，他的遗体被火化，他的骨灰被从海滩之顶白色断崖[②]撒落在海面上。

---

① 《马克思恩格斯全集》，中文1版，第37卷，501页，北京，人民出版社，1971。

② 位于英国南部的著名景点，海拔超过160公尺，据说是英国自杀率最高的地方。——译者注

第 2 章

历史学

我放弃了资产阶级的社交活动和宴会、波尔图酒和香槟酒，把自己的空闲时间几乎全部用来和普通工人交往；这样做，我感到既高兴又骄傲。

——恩格斯

恩格斯（1891 年，伦敦）

正是在书写历史的时候，恩格斯的才华得到了最充分的表达。他的描述性写作的天赋和他广泛的年代学和地理学兴趣，以及他的语言才能和运用马克思主义分析框架的灵活性，使他成为一流的历史学家。他创作了大量题材广泛的文章，但是他的主要贡献体现在三个方面：他对 19 世纪 40 年代中期的英国工人阶级的分析；他对史前时期的研究；他将历史唯物主义原则系统化的尝试。

恩格斯撰写《英国工人阶级状况》这部关于现代史的著作的意图直接起因于他向共产主义的转变。在一篇发表于 1844 年早期（对马克思产生了决定性的影响）的文章中，恩格斯已经尖锐地概述了他对现代自由主义经济理论的批判。这篇文章题为《国民经济学批判大纲》，涉及贸易、价值、地租、人口等基本范畴，声称附着于私有财产和竞争观念的经济学家们无法对它们给出一个恰当的概念性阐述——更不用说恰当的道德阐述了："经济学家不**敢**正视真理，不敢承认这种矛盾无非是竞争的结果，因为否则他的整个体系就会垮台。"①恩格斯的结论是：

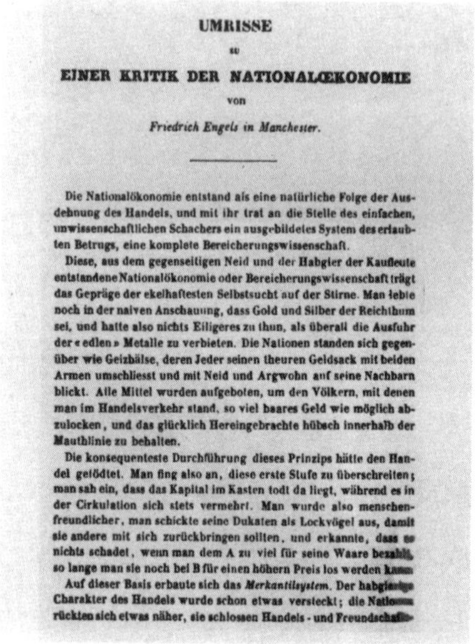

UMRISSE

zu

EINER KRITIK DER NATIONALŒKONOMIE

von

Friedrich Engels in Manchester.

Die Nationalökonomie entstand als eine natürliche Folge der Ausdehnung des Handels, und mit ihr trat an die Stelle des einfachen, unwissenschaftlichen Schachers ein ausgebildetes System des erlaubten Betrugs, eine komplete Bereicherungswissenschaft.

Diese, aus dem gegenseitigen Neid und der Habgier der Kaufleute entstandene Nationalökonomie oder Bereicherungswissenschaft trägt das Gepräge der ekelhaftesten Selbstsucht auf der Stirne. Man lebte noch in der naiven Anschauung, dass Gold und Silber der Reichthum sei, und hatte also nichts Eiligeres zu thun, als überall die Ausfuhr der « edlen » Metalle zu verbieten. Die Nationen standen sich gegenüber wie Geizhälse, deren Jeder seinen theuren Geldsack mit beiden Armen umschliesst und mit Neid und Argwohn auf seine Nachbarn blickt. Alle Mittel wurden aufgeboten, um den Völkern, mit denen man im Handelsverkehr stand, so viel baares Geld wie möglich abzulocken, und das glücklich Hereingebrachte hübsch innerhalb der Mauthlinie zu behalten.

Die konsequenteste Durchführung dieses Prinzips hätte den Handel getödtet. Man fing also an, diese erste Stufe zu überschreiten; man sah ein, dass das Kapital im Kasten todt da liegt, während es in der Cirkulation sich stets vermehrt. Man wurde also menschenfreundlicher, man schickte seine Dukaten als Lockvögel aus, damit sie andere mit sich zurückbringen sollten, und erkannte, dass es nichts schadet, wenn man dem A zu viel für seine Waare bezahlt, so lange man sie noch bei B für einen höhern Preis los werden kann.

Auf dieser Basis erbaute sich das *Merkantilsystem*. Der habgierige Charakter des Handels wurde schon etwas versteckt; die Nationen rückten sich etwas näher, sie schlossen Handels - und Freundschafts-

《国民经济学批判大纲》

> 在通常情况下……大资本和大土地占有吞并小资本和小土地占有……中间阶级必然越来越多地消失，直到世界分裂为百万富翁和穷光蛋、大土地占有者和贫穷的短工为止。……竞争贯穿在我们的全部生活关系中，造成了人们今日所处的相互奴役状况。竞争是强有力的发条，它一再促使我们的日益陈旧而衰退的社会秩序，或者更正确地说，无秩序状况活动起来，但是，它每

① 《马克思恩格斯全集》，中文 2 版，第 3 卷，463 页，北京，人民出版社，2002。

努力一次，也就消耗掉一部分日益衰败的力量。①

在他这篇文章的结尾，恩格斯宣布他有描述工厂制度的意图，他为此写了《英国工人阶级状况》，这本书于 1845 年初出版，对工业化在进入其最先进阶段所产生的社会影响做出了拓展性阐述。

恩格斯的这本书，开始于论述工业革命及其产物——工业无产阶级这一章。它是一部很有力度的著作，简洁的笔触和连贯的思路紧密结合，在开篇是一幅在很大程度上为工业化进程所取代的 18 世纪农村生活的可笑的田园诗般的画面。

论述大城市的第三章构成了恩格斯这本书的核心。他从伦敦谈起，然后说到重要的约克郡，集中论述了曼彻斯特—索尔福德这个几乎有 50 万人口的大都市，这里形成了英格兰主要的大工业区。它的财富集中在这里大约 1/3 的人口都从事的棉花贸易上。恩格斯通过关注如下摘录的这个例子的生动细节来产生影响力。在描述被称为小爱尔兰的曼彻斯特时，恩格斯写道：

> 到处都是死水洼，高高地堆积在这些死水洼之间的一堆堆的垃圾、废弃物和令人作呕的脏东西不断地发散出臭

---

① 《马克思恩格斯全集》，中文 2 版，第 3 卷，470～471 页。

味来染污四周的空气，而这里的空气由于成打的工厂烟囱冒着黑烟，本来就够污浊沉闷的了。妇女和孩子们到处走来走去，穿得破破烂烂，就像在这里的垃圾堆和烂泥坑里打滚的猪一样地肮脏。总之，这个地方看上去是这样讨厌，这样不顺眼，就是艾尔克河沿岸最坏的大杂院也不至于如此。在这种半倒塌的小宅子里，在蒙上一层油布的破窗后面，在门框已经半腐朽了的裂开的门后面或阴暗潮湿的地下室里，在这种难以想像的肮脏恶臭的环境中，在这种似乎是被故意毒化了的空气中，在这种条件下生活的人们，的确不能不下降到人类的最低阶段。[①]

而他得出的一般结论是：

大城市里工人阶级的状况就表现为一个逐渐下降的阶梯：最好的情况是生活暂时还过得去，靠紧张的工作而挣得的工资也比较多，住的房子也不错，饮食一般还不算坏——说这一切是好的，过得去的，自然是从工人的眼光来看；最坏的情况是极端的贫困，直到无家可归和饿死的地步；但是一般说来，是更多地接近于最坏的情况，而不

① 《马克思恩格斯全集》，中文1版，第2卷，342页，北京，人民出版社，1957。

是接近于最好的情况。[1]

恩格斯接着继续描述这些状况累积起来所导致的结果。他详述了疾病，特别是肺病，造成了“脸色苍白、身形瘦削、胸部窄小、眼睛凹陷的幽灵”[2]。(在曼彻斯特，超过一半的工人阶级父母的孩子在五岁之前就死了。)他描述了文盲的偏执和狂热，而酗酒助长了不道德的淫乱和不断增加的犯罪。然后还叙述了剥削妇女和儿童作为廉价劳动力的工厂制度，以及接二连三地造成脊髓损伤的事故。恩格斯特别强调了工厂主对他们的工人所拥有的权力，包括从租用女工的性好处到给工厂里商店的食品定价等一切方面。他接下来以同样的方式论述了矿业和农业生产部门的情况。在论述工人运动的一章——恩格斯以近期的罢工为根据证明，“无产阶级和资产阶级间的决战已经迫近了”[3]。之后，他讨论了中产阶级对工人的态度，集中说明在《济贫法》[4] 中所示例的他们的贪婪和虚伪。最后他宣

---

① 《马克思恩格斯全集》，中文 1 版，第 2 卷，357 页。

② 同上书，383 页。

③ 同上书，512 页。

④ 英国王室在 1601 年颁布的旨在救济贫民的法案，用于解决当时因圈地运动造成的农民背井离乡、沦为流浪汉、失业等社会问题，起初称为《伊丽莎白济贫法》，后经过修订于 1834 年颁布了《新济贫法》，该法案在 20 世纪 40 年代英国颁布《国民保险法》和《国民救助法》之后失去作用。——译者注

称，只有共产主义才能克服阶级对立，医治越来越尖锐的社会矛盾。

19 世纪 40 年代的英国棉纺织厂

《英国工人阶级状况》是在城市地理学和社会学相对现代的领域的一个创举，而恩格斯虽然只有 24 岁，但却是胸有成竹地写作的。书中很多感人至深的情节显然既来自他作为一个商人掌握的第一手资料，也来自他与活跃的社会主义者的接触。恩格斯具有用语言表达他自己亲身经历的非凡才华，而这本书中很多描写的段落使它产生了重要的影响。他还出色地使用了政府出版物和统计数据（正如马克思在写《资本论》时一样）。虽然最近有一份基于统计数据的报告指出，在恩格斯描述这些情节的时候，工人阶级的状况越来越好了，因而他的阐述失之偏颇、并不可靠，但这种观点是极其可疑的，而恩格斯的叙述是可以采信的。大体上说，这可能是供我们来研究的一份最佳的当代证明。恩格斯理所当然地表明，他的这本书在当时是独一无二的，因为它将英国工人阶级视为一个整体，但它走得更远：他在对工人阶级的描述中嵌入了对工业资本主义演进的分析，这使它有了一个连贯的、历史的，在一定程度上也是概念的框架。例如，恩格斯在这里能以很长的篇幅来处理他已经在《国民经济学批判大纲》中简要提到的这些内容——驱动越来越大的商业的重要性，在资本扩张的时候召唤失业后备军，以及危机的周期性。

这本书的主要缺点——这并不减损其一般价值——是它的预见性。例如，他谈到社会很快就要崩溃了，“像力学和数学的定律所起的作用一样地不可避免”①。这句草率的表述是在 19 世纪最严重的衰退即 19 世纪 40 年代早期的衰退的影响下做出的。当然，在这个事件中，这场危机只是被证明为重工业大繁荣的先驱——主要基于铁路的扩张。在这个方面，马克思

① 《马克思恩格斯全集》，中文 1 版，第 2 卷，298 页。

在大约 20 年后做出了最好的注解：

> 重读了你的这一著作，我惋惜地感到，我们渐渐老了。这本书写得多么清新、热情和富于大胆的预料，丝毫没有学术上和科学上的疑虑！连认为明天或后天就会亲眼看到历史结果的那种幻想，也给了整个作品以热情和乐观的色彩。与此相比，后来的“灰色而又灰色”就显得让人极不愉快。①

恩格斯对非常广泛的自然史有持久的兴趣。例如，1848 年革命失败之后不久，他试图理解失败的根源，写了一系列很有见地的论述德国农民战争的文章，认为在 16 世纪结合起来的贵族和市民之间惊人的相似之处是镇压农民起义，而资产阶级和贵族在 1848 年最终结盟，共同打击新生的无产阶级。“**路德**在 1517 年到 1525 年这几年间所经历的转变，”恩格斯写道，“恰恰就是现代德国立宪派从 1846 年到 1849 年所经历的转变，也恰恰就是一切资产阶级党派目前正在经历的转变，这些资产阶级党派一度被推到运动的领导地位，但在这种运动中一转眼就被站在它背后的平民党派或无产阶级党派抛到后面去了。”②

---

① 《马克思恩格斯全集》，中文 1 版，第 30 卷，339 页。
② 《马克思恩格斯文集》，第 2 卷，240 页，北京，人民出版社，2009。

他心中真正的英雄是托马斯·闵采尔，“他远远超出平民和农民的直接想法和要求，并且只从当时的革命队伍中挑选优秀分子组成一派，这一派既要站在他那样的思想高度，又要具有他那样的魄力，这样一来，这一派就始终只占起义群众的极少数”①。

《反杜林论》中令人印象深刻的一节也反映了他的历史兴趣，这一节致力于反驳杜林关于暴力是历史发展的根本原因的观点：使用暴力本身依赖于基本的经济条件。恩格斯决定以书的形式重新发表这一节，并增加了论述暴力在过去 30 年德国历史上的作用的非常精致的一章。这一章专门研究了俾斯麦基于土地贵族和资产阶级联盟的德国统一的政策，指出他最终的失败是由于过度依赖经济实力已走向衰落的大土地所有者。

恩格斯也由此成为军事史和军事技术专业领域极少数的文职专家之一。他自己曾于 1849 年在巴登增长了军事经验，并为此写了一篇精彩的描述性报告。19 世纪 50 年代，恩格斯为美国、英国和德国的新闻媒体撰写了很多篇关于军事的文章。通过撰写题为《波河与莱茵河》的小册子，他提高了自己在德国的声誉。这本小册子认为，如果奥地利没有占领北意大

---

① 《马克思恩格斯文集》，第 2 卷，254 页，北京，人民出版社，2009。

利——此举旨在对付意大利人，德国的安全就可以得到很充分的保证。尽管他对美国南北战争和 1866 年普法战争结果的预测都不准确，但是，他发表在《派尔-麦尔新闻》上的论 1870 年普法战争的一系列文章写得很专业，给人们留下了很深的印象。他还为巴黎公社起草了详细的防御计划。特别是，列宁备受恩格斯论军事和武装暴动的著作的影响。

当他渐渐变老的时候，他对历史的兴趣比过去更浓了。农业史——马克思认为他是专家——是他注意力特别集中的领域。这些关于原始社会的研究缔结的成果体现为 1884 年出版的《家庭、私有制和国家的起源》。它主要依靠路易斯·摩尔根出版于 1877 年的著作《古代社会》。马克思在逝世前已经对这本书研究了相当长的一段时间。恩格斯将他这本书描述为“实现遗愿”之作，因为他使用了马克思的笔记——尽管恩格斯对摩尔根的专门研究比马克思更多，他将摩尔根视为专家中的权威，更为集中地研究了他作品中的社会政治问题。在恩格斯看来，“摩尔根在美国，以他自己的方式，重新发现了 40 年前马克思所发现的唯物主义历史观”[①]。他认为，摩尔根的人类学发现“正如达尔文的进化理论对于生物学和马克思的剩余

① 《马克思恩格斯选集》，2 版，第 4 卷，1 页。

价值理论对于政治经济学的意义一样”①。立足于摩尔根的理论，恩格斯比较了原始社会的公共特征以及后来产生的剥削关系。他研究了家庭的本质特别是妇女角色的不断变化，进而阐述了作为剥削阶级的工具的国家的兴起。

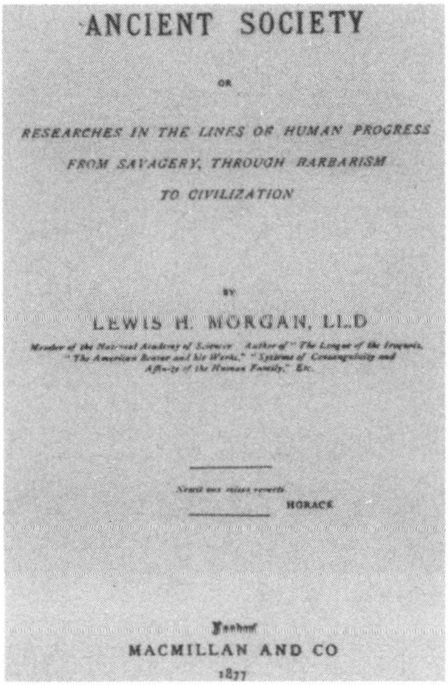

ANCIENT SOCIETY

OR

RESEARCHES IN THE LINES OF HUMAN PROGRESS
FROM SAVAGERY, THROUGH BARBARISM
TO CIVILIZATION

BY

LEWIS H. MORGAN, LL.D

HORACE

London
MACMILLAN AND CO
1877

美国法学家、民族学家、考古学家路易斯·摩尔根和他的著作《古代社会》（1877 年伦敦版扉页）

简单来说，恩格斯关于家庭发展的观点如下：婚姻有三种主要形式，大约相当于人类发展的三个主要阶段：在蒙昧时

① 《马克思恩格斯选集》，2 版，第 4 卷，14～15 页。

代，是群婚；在野蛮时代，是对偶制婚姻；在文明时代，是以通奸和卖淫为补充的专偶制婚姻。基于摩尔根从血缘制度中对家庭的原始形式的重构，他假设了一种存在于不受限制的性自由部落里的情况。这种情况随后被血缘家庭取代了，在这里，婚姻集团是按照辈分来划分的。接着就产生了普那路亚家庭，它遵循兄弟姐妹之间通婚的禁制，在一个家庭圈子内部共同拥有丈夫和妻子，然而，妻子的兄弟（和丈夫的姐妹）是被排除在外的。正是这种家庭结构形成了氏族——一个确定的、彼此不能通婚的女性血缘亲属圈子——的基础。在氏族内部，随着血缘亲属之间通婚的禁制越来越具有排他性，群婚引起了对偶制婚姻，然而，这并没有破坏妇女在共产制家庭中至上的地位，或者说仍将她们作为唯一可以识别的母亲而给予最高的敬意，因为"在共产制家户经济中，大多数或全体妇女都属于同一氏族，而男子则来自不同的氏族，这种共产制家户经济是原始时代普遍流行的妇女占统治地位的客观基础"①。

随着以驯养动物和农业的普及为特点的野蛮时代的到来，男子的地位变得更加重要。以前他只是拥有狩猎的武器，是食物的提供者，这时以同样的能力，他拥有了牲畜和（后来的）

① 《马克思恩格斯选集》，2版，第4卷，46页。

奴隶。由于按女系继承财产，他发现自己的孩子们失去了继承权。因此，按男系计算世系和父系的继承权开始盛行了。在一个动人的段落中，恩格斯写道："母权制的被推翻，乃是**女性的具有世界历史意义的失败**。"① 父权制家庭的确立，为一夫一妻制的确立开辟了道路，这使男人在家中的地位至高无上，使他能繁育自己的后代，他的财富无可争议是属于他自己的。展望未来，恩格斯宣告：

> 因此，婚姻的充分自由，只有在消灭了资本主义生产和它所造成的财产关系，从而把今日对选择配偶还有巨大影响的一切附加的经济考虑消除以后，才能普遍实现。……这样，我们现在关于资本主义生产行将消灭以后的两性关系的秩序所能推想的，主要是否定性质的，大都限于将要消失的东西。但是，取而代之的将是什么呢？这要在新的一代成长起来的时候才能确定：这一代男子一生中将永远不会用金钱或其他社会权力手段去买得妇女的献身；而这一代妇女除了真正的爱情以外，也永远不会再出于其他某种考虑而委身于男子，或者由于担心经济后果而

① 《马克思恩格斯选集》，2 版，第 4 卷，54 页。

拒绝委身于她所爱的男子。[①]

恩格斯从家庭转而讨论摩尔根的另一个发现，“这一发现至少与他根据亲属制度恢复原始家庭形式有着同等重要的意义”[②]。也就是说，氏族，直到野蛮人进入文明时代为止，甚至再往后一点，是一切野蛮人所共有的制度。氏族所包括的全部的人，在普那路亚家庭中，是由一个确定的女始祖的后代们构成的。任何成员都不能在氏族内部通婚，因为只有女系的后代即各代女儿的子孙还留在氏族内部，而儿子的子孙则归入其母亲的氏族。氏族领导由所有成员选举和罢免，而死者的财产仍然留在氏族内部，其成员应互相援助、保护。

恩格斯想要表明，氏族也是希腊社会的起源，而且论证了氏族的瓦解为什么必然导致了国家的产生——国家是一个以领土为基础的、以和人民大众分离的公共权力为特征的、以增加税收来维持公共权力的机构。古代雅典是一种非常典型的例子，它表明“国家怎样靠部分地改造氏族制度的机关，部分地用设置新机关来排挤掉它们，并且最后全部以真正的国家机关来取代它们而发展起来”[③]。劳动分工的进一步发展和地产的

---

① 《马克思恩格斯选集》，2 版，第 4 卷，80～81 页。

② 同上书，82 页。

③ 同上书，107 页。

买卖意味着越来越趋向于以领土为基础的政府，而不是血缘关系。

> 由此而日益发达的货币经济，就像腐蚀性的酸类一样，渗入了农村公社的以自然经济为基础的传统的生活方式。氏族制度同货币经济绝对不能相容；阿提卡小农的破产是与保护他们的旧的氏族联系的松弛同时发生的，债务契约和土地抵押（雅典人已经发明了抵押办法）既不理会氏族，也不理会胞族。[①]

恩格斯追溯在古罗马的同样的进程，接着又追溯在德意志人中的同样的进程，将它们超过后来罗马帝国的优势描述为它们的氏族制度以及由这种制度所激发的优点。

恩格斯的这本书将对社会主义的注意力转向这种可能性——性和生产关系在某些方面比原始社会更优越，因而具有引人注目的原创性。更具体地说，这本书对妇女解放的研究做出了重大的贡献——相当大地得益于倍倍尔在他的畅销书《妇女与社会主义》中对这些主题的拓展。然而，他遭受了依赖摩尔根的苦恼，摩尔根坚持达尔文主义的进化体系，特别是他几乎完全不考虑亚洲和非洲的情况。他所指出的摩尔根关于原始

① 《马克思恩格斯选集》，2 版，第 4 卷，109～110 页。

的淫乱、群婚以及母系氏族在时间上早于父系氏族的观点都是非常可疑的。不足为奇的是，论家庭的部分是恩格斯这本书最薄弱的环节。更令人不解的是，他对这两方面做出严格的区分：一方面是人口的生产，另一方面是现存的物质资料的生产。这体现在他关于专偶制是“不以自然条件为基础，而以经济条件为基础”① 的观点上，而他关于蒙昧时代和野蛮社会的对比表明，新的社会力量只是在后来才出现的——所有这一切似乎都假定了一种对经济和社会之间的最不符合马克思主义的割裂。

《家庭、私有制和国家的起源》第 1 版封面

缘于他的历史研究和人类学研究，恩格斯比马克思更愿意谈论未来的共产主义社会。他的做法以热衷工业的改造力量和

① 《马克思恩格斯选集》，2 版，第 4 卷，62 页。

进化论为特征，不太强调阶级斗争的主观因素和自觉意识。这种倾向在恩格斯关于共产主义的著名表述中显而易见："对人的统治将由对物的管理和对生产过程的领导所代替"[①]；又如，他认为在共产主义社会，将能把全部国家机器"放到古物陈列馆去，同纺车和青铜斧陈列在一起"[②]。而正是在他的《论权威》一文中，这个观点达到了顶峰。在这里，他以一个工厂为模型，描述了在共产主义社会遵守纪律的必要性：

> 大工厂里的自动机器，比雇用工人的任何小资本家要专制得多。至少就工作时间而言，可以在这些工厂的大门上写上这样一句话：**进门者请放弃一切自治!**[③] 如果说人靠科学和创造性天才征服了自然力，那么自然力也对人进行报复，按人利用自然力的程度使人服从一种真正的专制，而不管社会组织怎样。想消灭大工业中的权威，就等于想消灭工业本身，即想消灭蒸汽纺纱机而恢复手纺车。……革命无疑是天下最权威的东西。[④]

---

① 《马克思恩格斯选集》，2 版，第 3 卷，631 页，北京，人民出版社，1995。

② 《马克思恩格斯选集》，2 版，第 4 卷，174 页。

③ 恩格斯在这里套用的是但丁《神曲・地狱篇》第 3 篇第 3 节地狱大门上的题词。——译者注

④ 《马克思恩格斯选集》，2 版，第 3 卷，225～227 页。

恩格斯似乎认为，在革命后的社会，资本主义的工业组织只是被工人以更有效的方式运行了——而不是通过社会解放的过程实现的彻底重组。合理性、计划和劳动分工将被保留，而生产过程仍然以最大的产量作为首要目标。恩格斯也在相当大程度上受到达尔文的影响，重要的是他关于共产主义社会中国家的最著名的宣言——“不是‘被废除’的，**它是自行消亡的**”① ——体现了一种来自生物学的比喻。甚至他关于生产资料社会化的著名阐述——“人类从必然王国进入自由王国的飞跃”② ——也可能使为自由而进行的全部现实斗争的必要性减少到最低限度了。

在他的生命快走到尽头的时候，他发现自己有义务对历史唯物主义——这个术语确实是他最早提出的——基本原理做出一种阐述。随着这一理论日益得到普及，它需要提供一种比以往更清晰的构想。马克思和恩格斯在《德意志意识形态》中对这一点做出了长篇阐述：“个人是什么样的，这取决于他们进行生产的物质条件。”③ 但是，《德意志意识形态》在马克思写于1859年的《〈政治经济学批判〉序言》中做出这段容易被人

① 《马克思恩格斯选集》，2版，第3卷，631页。

② 同上书，634页。

③ 《马克思恩格斯选集》，2版，第1卷，68页，北京，人民出版社，1995。

们误解的阐述——“物质生活的生产方式制约着整个社会生活、政治生活和精神生活的过程”① ——之前还没有出版。19世纪 80 年代，几位年轻的德国历史学家根据他们对马克思的经济决定论的理解发表了他们的研究作品。这种粗糙的思路遭到了非马克思主义历史学家们合理的攻击。于是他们转向恩格斯，请他对历史中的决定性因素做出一个权威性的说明。恩格斯答复他们的主要观点强调各种因素的相互作用——总是以经济高于一切的重要性为基础的。（他在《自然辩证法》中讨论化学的时候凸显了各种因素彼此间相互作用这个观点，恩格斯将其从自然科学转换到历史领域。）他愿意承认上层建筑——意识形态的要素，例如，法律安排——确实具有一种相对独立性的情况，因为它们所具有的结构和为它们所特有的法律能够影响经济基础，而事实上，在极端的情况下，成为暂时的整体的决定因素。恩格斯也承认：“青年们有时过分看重经济方面，这有一部分是马克思和我应当负责的。”② 在他看来，这是因为“我们在反驳我们的论敌时，常常不得不强调被他们否认的主要原则，并且不是始终都有时间、地点和机会来给其他参与相互作用的因素以应有的重视”③。恩格斯总结他的观点，并

---

① 《马克思恩格斯选集》，2 版，第 2 卷，32 页，北京，人民出版社，1995。

②③　《马克思恩格斯选集》，2 版，第 4 卷，698 页。

表明：

> 根据唯物史观，历史过程中的决定性因素**归根到底**是现实生活的生产和再生产。无论马克思或我都从来没有肯定过比这更多的东西。如果有人在这里加以歪曲，说经济因素是**唯一**决定性的因素，那么他就是把这个命题变成毫无内容的、抽象的、荒诞无稽的空话。经济状况是基础，但是对历史斗争的进程发生影响并且在许多情况下主要是决定着这一斗争的**形式**的，还有上层建筑的各种因素：阶级斗争的政治形式及其成果——由胜利了的阶级在获胜以后确立的宪法等等，各种法的形式以及所有这些实际斗争在参加者头脑中的反映，政治的、法律的和哲学的理论，宗教的观点以及它们向教义体系的进一步发展。这里表现出这一切因素间的相互作用，而在这种相互作用中归根到底是经济运动作为必然的东西通过无穷无尽的偶然事件（即这样一些事物和事变，它们的内部联系是如此疏远或者是如此难于确定，以致我们可以认为这种联系并不存在，忘掉这种联系）向前发展。[①]

有些评论者声称，恩格斯的这些表述构成了对马克思主义

① 《马克思恩格斯选集》，2版，第4卷，695～696页。

基本原理的某种形式的修改。事实上，伯恩施坦用恩格斯的权威来加强他公然的修正主义观点。毫无疑问，恩格斯的论述确实走向了某种通俗化的马克思主义，而不是马克思本人的马克思主义，马克思没有太多地考虑到对历史唯物主义的一般理论阐述——或许，除了他在著名的 1859 年《〈政治经济学批判〉序言》所做的阐述之外。不过，确切地说，恩格斯的阐述确实体现了某种不同的、更不成熟的想法——他尝试将“经济因素”分离出去，并使之反对其他因素——这在某种程度上剥夺了它的社会历史内涵，而马克思往往倾向于强调这种内涵。

第 3 章

政治学

共产主义不是教义，而是**运动**。它不是从原则出发，而是从**事实**出发。……共产主义作为理论，是无产阶级立场在这种斗争中的理论表现，是无产阶级解放的条件的理论概括。

——恩格斯

恩格斯（1888 年，伦敦）

当恩格斯从虔信派的背景经青年黑格尔派的唯心主义发展为共产主义，他早期的政治观念发生了很大的变化。在鲁尔区的工业城市长大，他深知工业化初期所造成的社会问题。但他与青年黑格尔派有密切的联系，事实上，他受莫泽斯·赫斯的影响，转向了共产主义，这意味着他的革命思想中仍包含大量的唯心主义和费尔巴哈人道主义的混合物。他移居到英国，意味着从德国的哲学思辨转向对社会现实和政治条件的深入研究。恩格斯对宪章主义和欧文主义印象深刻。他写了一篇赞赏卡莱尔的《过去与现在》的文章以及《国民经济学批判大纲》，马克思很久以后还认为它是一个“天才的大纲”。

在 1843 年快要结束的时候，恩格斯阐述了他关于共产主义的如下观念：

> 于是，欧洲三个文明大国，英国、法国和德国，都得出了这样的结论：在财产共有的基础上进行社会制度的彻

> 底革命，现在已经成为一种急不可待和不可避免的必然。尤其值得注意的是，这个结论是由上述国家各自单独得出的。这一事实无可争辩地证明，共产主义不是英国或任何其他国家的特殊状况造成的结果，而是从现代文明社会的一般实际情况所具有的前提中不可避免地得出的必然结论。[①]

令人吃惊的是，正如《英国工人阶级状况》所表明的，恩格斯甚至在与曼彻斯特的工人阶级保持紧密联系之后仍然说，“在原则上，共产主义是超越资产阶级和无产阶级之间的敌对的……它不仅仅是工人的事业，而且是全人类的事业”[②]。因而，甚至到1845年的时候，在恩格斯看来，革命还意味着在历史过程中超越非理性的混乱现状的某种内在原则的胜利。如果社会并不是合理有序的，那么其中不断增长的矛盾将会带来灾难和灾害，将造成总体的剧变。共产主义在某种意义上是处于阶级之上的，而且能以合理的理由将所有有洞察力的个人吸引到社会发展进程中来。共产主义思想家的使命是，在促进共产主义事业并避免社会灾难的希望中，使这些合理的理由为大

---

① 《马克思恩格斯全集》，中文2版，第3卷，474页。

② 《马克思恩格斯文集》，第1卷，497页，北京，人民出版社，2009。

家所了解。

正是在 1845 年与马克思的合著特别是在《德意志意识形态》中，恩格斯将这些颇具理想主义色彩的政治原则更为清晰地聚焦在社会经济现实领域。1846—1849 年是恩格斯的生命中在政治上最活跃的岁月。在《德意志意识形态》中清算了他们的思想之后，马克思和恩格斯着手将这些思想注入德国工人运动中。恩格斯激起了在巴黎和布鲁塞尔的德国工人的斗志，他作为首席代表与伦敦的共产主义者同盟领导人商谈，他在《新莱茵报》时是马克思的得力助手，然后他作为巴登战役的积极参与者结束了自己的革命岁月。从理论上看，恩格斯在这段时间做出了两个主要的贡献：一是确定了共产主义的基本观念，主要体现在形成作为《共产党宣言》的基础的《共产主义原理》上；二是他为《新莱茵报》撰写的文章。

《共产主义原理》是恩格斯对前些年著述的概要汇总，包括《英国工人阶级状况》、大量的政论文章以及《德意志意识形态》。《共产主义原理》是清晰的、说明性的和教谕式的，以教义问答的形式塑造了 25 个问题。“共产主义是关于无产阶级解放的条件的学说。”① 无产阶级（不像以往的奴隶、农奴或

① 《马克思恩格斯选集》，2 版，第 1 卷，230 页。

工匠）完全是通过出卖劳动力的方式维持生计的群体。工业革命实现了机械化生产，使社会基本上只保留两个阶级——资产阶级和无产阶级，后者获得的只是不超过其最低工资的收入。肆无忌惮的竞争导致了经济危机，生产的无政府状态、无产阶级的增多、工资的萎缩，这种事态只能通过实施一个满足全社会各方面利益的固定的计划来克服。这将涉及废除私有制——实现共产主义的关键。这样的革命将是国际性的，可能是暴力的，还包括推行民主宪法。恩格斯描述了胜利的无产阶级将会实施的计划，并进一步勾勒了共产主义社会的轮廓。生产力的大幅提高可能意味着生产满足所需的充足商品以及取消劳动分工的可能性。城乡之间的对立消失了。共产主义也包括使妻子摆脱对丈夫的依赖以及使孩子摆脱对父母的依赖，超越国界，渲染宗教过时论。他完成了对共产主义者和其他的社会主义者之间差异的总结，并阐述了共产主义者对当代政党政治的态度。

恩格斯在这个文本中强调的是工业革命的历史必然结果。它在风格上不如《共产党宣言》，缺乏对与法国的社会主义和黑格尔的辩证法紧密相关的政治意识和阶级结构的关注，而马克思对此更为熟悉。最重要的是，它在整体设计上缺乏令人印象深刻的综合力量，而《共产党宣言》在这方面是引人注目的。尽管如此,《共产主义原理》在对共产主义政策的最初表述中仍然是十分重要的。

《共产主义原理》手稿

恩格斯在《共产主义原理》的结尾指出,就德国而言,“共产主义者为了本身的利益必须帮助资产阶级尽快地取得统治,以便尽快地再把它推翻”①。为了实现这个目的,马克思和恩格斯在1848—1849年的革命岁月将他们的主要精力用来创办并发行一份报纸,以支持一个整合所有民主力量的“统一战线”。其方案是全民选举,直接选举,取消所有的封建税费,建立国家银行系统,并使国家为入学和就业承担责任。

资产阶级的解放事业意味着,这份报纸没有至少在起初没

① 《马克思恩格斯选集》,2版,第1卷,246页。

有考虑到工人阶级的状况或利益诉求之类。恩格斯主要撰写外交政策方面的文章，其中的主要观点是，以1789年以来的法国革命对封建德国的进攻为典型范例进行反对俄国的革命战争。这场战争，他认为，将粉碎欧洲最保守的政权，恢复波兰的独立，并内在地导致一个作为统一国家的德国的形成。

1849年初，经历三个月的流亡之后，恩格斯回到科隆，发现自己对英国革命的希望破灭了，但他仍然对匈牙利和法国持乐观的态度。他特别把注意力转向了奥匈帝国的革命进程，并得出了如下结论：德国人和匈牙利人对“小的”或“无历史的”斯拉夫国家的胜利相当于文明对于野蛮的胜利。支持德国资产阶级意味着支持与他们同类的波兰和匈牙利的贵族，这使恩格斯写下了这段话：

> 在奥地利各个大小民族中，只有三个民族是进步的代表者，它们积极地影响历史，并且现在还保持着生命力，这就是**德国人、波兰人、马扎尔人**。因此，他们现在是革命的。
>
> 其他一切大小民族，在最近的将来都要在世界革命的风暴中灭亡。因此，它们现在是反革命的。[①]

---

① 《马克思恩格斯全集》，中文1版，第6卷，197页，北京，人民出版社，1961。

只是在这场革命运动结束的时候，1849 年 4 月，马克思和恩格斯放弃了他们对资产阶级的支持，并倡导创建一个独立的工人政党。在这场革命失败 18 个月之后，他们继续活跃在共产主义者同盟里，并对革命复兴的迫切性保持乐观的态度。然而，很快他们就看清楚了，这将必须等待一场新的经济危机的来临。在写于 1851 年的一系列名为《德国的革命和反革命》的文章①中，恩格斯总结了近期德国革命应吸取的教训。他对德国经济不发达的性质，对土地使用权的重要性，对缺乏真正坚实的资产阶级的历史原因都有非常明确的看法。

19 世纪 50 年代和 60 年代是恩格斯的政治活动处于最低潮的时期。他从英国的政治活动中退出了。保守派的反应在欧洲大陆牢固地形成了，这里很少或根本就没有有组织的反对党。因而，恩格斯将自己的大多数文章仅仅限定为间接的政治

---

① 恩格斯撰写的这组文章名为《德国的革命和反革命》，起初是《纽约每日论坛报》编辑查理·德纳向马克思约稿，马克思当时忙于政治经济学研究且当时英文写作能力有限，就委托恩格斯代为撰稿。恩格斯利用马克思提供的一些资料和建议，于 1851 年 8 月至 1852 年 9 月陆续在《纽约每日论坛报》发表了这组文章，当时署名"卡尔·马克思"。这家报纸对马克思和恩格斯的署名处理常常很随意，有时甚至以编辑部社论的形式发表。后来马克思的小女儿爱琳娜编辑单行本时更名为《革命与反革命或 1848 年的德国》，署名"恩格斯"。收入《马克思恩格斯全集》时题目改为《德国的革命和反革命》。——译者注

性写作。这种情况在第一国际成立的19世纪60年代中期发生了变化，这是一个政党、工会和个人的松散的联盟，力图在国际范围内实现工人阶级的利益。然而，他只是在1872年同盟解体前两年表现活跃。在1864—1870年这段时间，住在曼彻斯特的恩格斯对住在伦敦的马克思的帮助微乎其微，不管怎样，恩格斯对第一国际在一开始时发挥的作用持怀疑态度。恩格斯加入第一国际成为会员，但没有组织任何分支。1870年，恩格斯搬到伦敦，他当选为第一国际总委员会委员，在随后的两年内，他把大部分时间都投入这项活动中。他被选为西班牙和意大利的通讯书记，并积极参与反对巴枯宁思想传播的活动。但是，恩格斯与英国工会会员（他们不喜欢他的“普鲁士”态度）的

马克思（1866年）

联系比马克思要差得多，而这降低了他的工作效率。

在他生命的最后 20 年，作为一个政治领袖，恩格斯形成了自己的风格。到了 19 世纪 70 年代后期，欧洲各种社会主义党派都从第一国际解散和巴黎公社失败中强劲复苏了。恩格斯自然而然地成为他们的导师和联络人——因为他称自己为“乐队指挥”，起到了在他逝世后才形成的社会党国际局①的作用。出于气质和思想渊源的原因，恩格斯觉得自己最欣赏的社会主义政党是德国社会民主党，他对此行使了一种连续的监护权。恩格斯与李卜克内西、倍倍尔、伯恩施坦、考茨基等保持着长久的通信联系。这个党是由拉萨尔的追随者与马克思的门徒李卜克内西和倍倍尔等人在 1875 年的哥达合并代表大会上成立的。马克思和恩格斯认为，对拉萨尔派已经做出了太多的让步，但这个政党的领导变得越来越一致了，因为马克思主义理论在它的队伍中已经越来越有影响力。这个过程以 1891 年的爱尔福特代表大会的召开而告终。就在这次大会前夕，恩格斯发表了马克思在《哥达纲领批判》中对拉萨尔的批判，旨在“明确而有力地表明了马克思对拉萨尔开始从事鼓动工作以来所采取的

① 社会党国际局（Socialist International Bureau）是 1900 年建立的第二国际常设机构，此前第二国际没有定期会议之外的组织架构。社会党国际局的常设秘书处位于布鲁塞尔，成员由每个国家派出的 1～3 位代表组成，这里聚集了当时很多社会主义杰出的代表人物，总共召开过 16 次全体会议。——译者注

方针的态度”[①]。他隆重地赞扬了由李卜克内西、考茨基和伯恩施坦拟订的计划草案，认为他的思想得到了广泛的接受。

1881 年李卜克内西和倍倍尔在莱比锡参加社会民主党人秘密会议

① 《马克思恩格斯选集》，2 版，第 3 卷，293 页。

在恩格斯和德国社会民主党的领导人之间不可避免地存在着流亡中的理论家和现实中的实际政治家之间的张力。但他们共同分享了关于他们的党必然发展并即将取得胜利的乐观主义精神。19 世纪 70 年代，恩格斯接受了马克思和他之间基本的劳动分工：马克思致力于完成他的鸿篇巨制，而恩格斯为了捍卫他们的观点，发表文章与所有的论敌做斗争。在这方面他是非常成功的：《反杜林论》很受欢迎，其中有三章以“社会主义从空想到科学的发展”为名重新发表，这部文献的译本语言种类超过了包括《共产党宣言》在内的其他任何社会主义著作。

恩格斯特别对“那些想把这个阶级斗争从运动中勾销”的倾向保持警惕，并抵制这种倾向的侵蚀，“我们不能和那些公开说什么工人太没有教养，不能自己解放自己，因而必须由仁爱的大小资产者从上面来解放的人们一道走”[①]。尽管俾斯麦的反社会主义非常法迫使德国社会民主党在整个 19 世纪 80 年代进入半秘密活动状态，但恩格斯源源不断地为遭到禁止的党的出版物撰写了大量文章。在这个事件中，这段时期的迫害激发了党的活力，有助于（恩格斯解释的）马克思主义作为党的

① 《马克思恩格斯选集》，2 版，第 3 卷，685 页。

政策得以确立。如下方面也得到了增强：选票从 1877 年的 49.3 万稳定增长到 1893 年的 200 万，同一时间在议会中的席位从 12 个增加到 44 个。受到这一发展的鼓励，恩格斯在 1891 年预测，党将在 1898 年上台执政。这场胜利是用数字来计算的，他甚至还用一个图表来证明。他在 1892 年写道："现在有五分之一的士兵站在我们这边，再过几年将有三分之一，而到 1900 年，这支以前在德国特别充满普鲁士精神的军队将大半成为社会主义的军队。这种情况正像按照命运的吩咐那样不可阻挡地日益迫近。"①

对这种日益迫近的情况的信心和在党内流行的观点是，马克思主义已经表明，无产阶级的力量得到增长并取得胜利是不可避免的。这使恩格斯强调和平而不是革命的态度，他为此做过不少论述。革命的概念与资本主义——一个不是被推翻而是被继承的世界——的崩溃是统一的。对党的领导人来说，放弃暴力渐渐成为绝对的趋势，因此使他们将信念置于这些方面：或者是获得议会的多数席位（伯恩施坦），或者是资本主义的自动崩溃（倍倍尔），但在恩格斯看来，这种克制更多的仍然是一种战术。这种差异在恩格斯 1895 年为马克思的小册子

① 《马克思恩格斯全集》，中文 1 版，第 22 卷，291～292 页，北京，人民出版社，1965。

《法兰西阶级斗争》撰写的再版导言中得到了很好的说明。由于恩格斯在这篇文章发表几个月之后就逝世了，它被很多人视为他的政治遗嘱。特别是，伯恩施坦极其重视这篇文章，以其作为他自己的“和平长入社会主义”的修正主义观点的支撑。恩格斯确实在他的文章中宣称，“1848 年的斗争方法，今天在一切方面都已经过时了”①。在评论他和马克思在 19 世纪 40 年代坚持的看法时，恩格斯承认，“历史走得更远：它不仅打破了我们当时的错误看法，并且还完全改变了无产阶级借以进行斗争的条件”②。这项特权已经“由向来是欺骗的工具变为解放工具”③。由此所做的推论是：

> 在罗曼语族国家里，人们也开始逐渐了解到对旧策略必须加以修正。德国人作出的利用选举权夺取我们所能夺得的一切阵地的榜样，到处都有人效法；无准备的攻击，到处都退到次要地位。……耐心的宣传工作和议会活动，在那里也被认为是党的当前任务。④

恩格斯特别强调德国社会民主党党员数量的增加，在获得

①② 《马克思恩格斯选集》，2 版，第 4 卷，510 页。

③ 《马克思恩格斯全集》，中文 1 版，第 19 卷，264 页，北京，人民出版社，1963。

④ 《马克思恩格斯选集》，2 版，第 4 卷，522 页。

合法性的条件下，革命者“身强力壮、面带红光”：“我们的主要任务就是不停地促使这种力量增长到超出现政府制度的控制能力，不让这支日益增强的突击队在前哨战中被消灭掉，而是要把它好好地保存到决战的那一天。”① 伯恩施坦——他的大多数马克思主义同伴都赞同他——认为恩格斯“比以往任何人都更清楚地赞美了作为无产阶级解放手段的普选权和议会活动，并拒绝通过革命剧变获得政治权力的观点”。

直到最近，被谨慎的柏林的领导人删去的恩格斯文章中这段更“革命的”段落才显得更清楚了，他只允许在抗议的情况下以这种形式发表。“我的看法是，”他写道，“通过完全禁止暴力的说教，你将一无所获。没有人相信这一点，而且任何国家的政党都不会放弃抵抗违法武装的权利。”

然而，尽管恩格斯没有如某些人所说的那样，在根本上修正了他关于革命和合法斗争之间关系的看法，但他对德国社会民主党的政治态度在很多方面都有错误。首先，虽然他对党的革命目的比德国国内的同事们看得更清楚，但他还假定在当前的政策和革命的终点之间有一个几乎无法逾越的鸿沟——例如，将1891年的《爱尔福特纲领》中这两个独立

① 《马克思恩格斯选集》，2版，第4卷，523页。

的部分（理论的和实践的）一分为二所造成的鸿沟，他是其中直接的设计师之一。其次，对于他来说，社会民主党的主要任务是将自己组织起来，这样可以对资产阶级施加压力，使他们坚守自己的自由主义原则。因为由此获得的政治自由当然有助于无产阶级的发展。但他过高地估计了资产阶级对改革的渴望，很少考虑到要准备与统治权力妥协。恩格斯也没有充分考虑到他自己党内的普通党员的态度，资产阶级在党员中占有很高的比例——至少在他们的视野中是如此。他没有看到党组织和工会中保守的当权派，而普通党员在革命剧变中将会失去太多的东西。从严格的意义上说，产业工人即无产阶级的人数只占很小的一部分。事实上，恩格斯关于社会民主党的知识较之其领导人来说是有限的，这使他忽视了经济斗争的重要性：蔑视英国工会、否定大罢工的想法，使他有一种明确选择合法活动或防御的姿态，而对分散式的基层活动没有多大兴趣。

恩格斯绝不仅仅关注德国，他指导欧洲社会主义者的书信表明，作为一个政治战略家，他是多么善于变通，而且消息灵通。他和维克多·阿德勒是亲密的朋友，他给予阿德勒持续不断的支持和建议，指导他创立了奥地利社会民主工党。在法国，他对盖德[①]和拉法格给予包括财务上的连续不断的援助，帮助他们创建一个有望实现的马克思主义政党——尽管他的努力不太成功，因为社会主义运动被分成了几个派别。在意大利，恩格斯与意大利最著名的马克思主义思想家拉布里奥拉和意大利工人党的创建者图拉蒂保持着紧密的联系。

当然，可以说，在德国之后，恩格斯主要关注的是英国。19世纪50年代和60年代，他在欧门-恩格斯公司工作，恩格斯无法参加政治示威活动或对衰落的宪章运动给予积极的支持。无论在任何情况下，他都对支持与自由党结盟的宪章运动领导人的倾向表示反感。他的结论是：

> 英国无产阶级实际上日益资产阶级化了，因而这一所有民族中最资产阶级化的民族，看来想把事情最终弄到这样的地步，即**除了**资产阶级，它**还要有**资产阶级化的贵族和资产阶级化的无产阶级。自然，对一个剥削全世界的民族来说，这在某种程度上是有道理的。[②]

---

① 朱尔斯·盖德（1845—1922），法国工人运动活动家。曾因反对普法战争被判刑，后流亡瑞士。多次担任法国众议院议员，与马克思的女婿、工人运动活动家拉法格创立了法国工人党。该党后与独立社会党联盟、社会主义工人联合会等合并为法兰西社会党。——译者注

② 《马克思恩格斯选集》，2版，第4卷，552页。

随着第二国际的来临，恩格斯将更多的注意力倾注在工会上，但他在 1879 年不得不表明："毋庸讳言，目前在这里还没有出现大陆上那样的真正的工人运动"①。19 世纪 80 年代中期再次出现工人阶级运动高涨的局面，但恩格斯仍然以其奇特的历史唯物主义、阶级斗争和极端民族主义的混合物批判海德曼的社会民主联盟和贝尔福特·巴克斯与威廉·莫里斯的社会主义同盟。他写道，"工人十分安然地同他们共享英国在世界市场上的垄断权和英国的殖民地垄断权"②。在这里，只有当工人意识到英国在世界市场上的垄断权被瓦解的时候，真正的普遍的工人运动才能够成为现实。

恩格斯在英国社会主义者中的影响部分地由于他支持爱德华·艾威林——爱琳娜·马克思的同居男友——而减弱了，根据乔治·萧伯纳的说法，艾威林"对金钱和女人绝对是没有良心的"。然而，爱琳娜和艾威林在组织伦敦东部非熟练工人的联合方面取得了可观的成绩，他们对工人阶级运动高涨的支持在 1889 年码头工人罢工中得到了体现。这次活动使恩格斯产生了联想，他宣称：伦敦东区的复兴依然是这个世纪末最伟大

① 《马克思恩格斯全集》，中文 1 版，第 34 卷，352 页，北京，人民出版社，1972。

② 《马克思恩格斯选集》，2 版，第 4 卷，648 页。

爱琳娜·马克思，马克思的小女儿，
英国工人运动活动家

的和最富有成效的事实，我为能看到这个事实而感到自豪。然而，直到他逝世后，一个强大的工人政党才在英国出现——那时这个政党的发展路线与他的思想已经有些格格不入了。

第二国际停止活动后，恩格斯才开始第一次对俄国革命的可能性产生浓厚的兴趣。在他看来，俄国人最重要的莫过于抵御欧洲的反应。他对俄国人的期望也没有通过与诸如巴枯宁等人的联系而得到改善。然而，到 19 世纪 70 年代中期，他对俄语的娴熟掌握以及他在伦敦与俄国流亡者的接触，鼓励他在与民粹主义领导人彼得·塔切夫的争论中表达了对俄国未来的乐观主义的主张。与其他大多数民粹主义者一样，塔切夫认为，足够坚定的少数民族，应通过恐怖主义行动推翻沙皇政权，引进一种基于无所不在的村社的社会主义，从而绕过全部的资本主义发展阶段。恩格斯更倾向于相信下一阶段在俄国进行彻底的资产阶级革命的必要性，并否认村社具有任何独立的生命力。他写道：

> 由此可见，俄国的公社所有制早已度过了它的繁荣时代，看样子正在趋于解体。但是也不可否认有可能使这一社会形式转变为高级形式……然而这只有在下述情况下才会发生，即西欧在这种公社所有制彻底解体以前就胜利地完成无产阶级革命……①

具有讽刺意味的是，就是在这时，某些民粹主义者——例如，普列汉诺夫——走向了马克思主义。马克思自己认为，在日内瓦的俄国马克思主义流亡者与俄国的民粹主义活动家相形见绌，在对普列汉诺夫的同事维·查苏利奇的一个模棱两可的回答中，他鼓励了民粹主义者的希望——这个观点在 1882 年《共产党宣言》俄文版序言中得到了重申。几年后，恩格斯同样致信给这位女士，对普列汉诺夫的反民粹主义著作《我们的差异》做出一个冷淡的回应。俄国人，他宣称，已经接近了他们的 1789 年。“革命**一定**会在某一时刻爆发；它每天都**可能**爆发。在这种情况下，这个国家就像一颗装上炸药的地雷，所差的就是点导火线了。……这是一种例外情况，在这种情况下，

① 《马克思恩格斯选集》，2 版，第 3 卷，282 页。

一小伙人就能**制造出**一场革命来”[①]。恩格斯高估了民粹主义者的力量，他认为普列汉诺夫与他的朋友们的批评只会削弱反对沙皇的革命。然而，到 1894 年，他再次强烈地支持马克思主义者这一边，承认村社的消亡是一种可行的制度，因而否认俄国的未来发展具有任何独特的可能性。这一观点构成了写于两年后的列宁的主要著作《俄国资本主义的发展》的基础。

① 《马克思恩格斯选集》，2 版，第 4 卷，670 页。

第4章

哲　学

现在恩格斯正忙于写他的批判杜林的著作。这对他来说是一个巨大的牺牲，因为他不得不为此而停写更加重要得多的著作。

…………

不仅普通工人和像莫斯特本人那样的、自以为在很短时期内就能知道一切并学会评论一切的曾经是工人的人，而且真正有科学知识的人，都能够从恩格斯的正面阐述中汲取许多东西。

——马克思

恩格斯（1891 年）

恩格斯对马克思主义最突出的贡献是对一种具有潜在科学性的马克思主义“哲学”的系统化。他在三部主要论著中完成了这一工作。第一部——产生最直接影响力的——是《反杜林论》（1877—1878 年），恩格斯在这部著作中试图驳倒欧根·杜林的观点。欧根·杜林是一位柏林的社会主义者，那时他刚刚指责马克思的思想不是直截了当的唯物主义，在马克思的众多德国追随者中变得越来越有影响力。第二部是一篇题为《路德维希·费尔巴哈和德国古典哲学的终结》的文章（1888 年），恩格斯认为这篇文章“把我们同黑格尔哲学的关系，我们怎样从这一哲学出发又怎样同它脱离，作一个简要而又系统的阐述”①。第三部著作题为《自然辩证法》，尽管它主要写于 19 世纪 70 年代中期，但在恩格斯逝世后才出版，恩格斯在这部著作中试图论证以自然界本身的辩证运动思想为基础的马克思

① 《马克思恩格斯选集》，2 版，第 4 卷，212 页。

主义哲学基本原理。

欧根·杜林

对恩格斯强烈地以科学为导向的一般的世界观的发展产生影响的有两个普遍因素。随着社会主义运动变得更加普遍，更需要有一种明确的哲学阐述来引导党员，特别是在这个领域已经有了竞争对手的理论体系。而且，非常自然的是，恩格斯对其理论体系的定位强烈地受到他越来越关注的英国和德国的科学方法论的影响，而自然科学在社会大多数人——不只是社会民主党党员——中的威信与日俱增。在他生命的最后 20 年，他将自己的相当一部分时间用来做自然科学研究。1870 年退出商界之后，他写道：“我尽可能地使自己在数学和自然科学方面来一次彻底的——像李比希所说的——‘脱毛’，八年当中，我把大部分时间用在这上面。”[①] 对恩格斯产生特别重要影响的是能量转化定律的发现、

① 《马克思恩格斯选集》，2 版，第 3 卷，349 页。

作为生物进化基本单位的细胞的发现，以及达尔文的进化论。这些兴趣不可避免地影响了恩格斯提出他的“世界观”，并使他强调一种辩证的自然概念而不是辩证的历史概念。特别是，达尔文的著作给他留下了深刻的印象，结果是，他将生物学概念应用到社会领域。由此类推，恩格斯的一些直接受到科学家影响的著作又被用来影响受过教育的工人阶级成员；他确实相信，“科学越是毫无顾忌和大公无私，它就越符合工人的利益和愿望”①。

在《反杜林论》中，恩格斯也采用他的理论对手所持的某些立场。（《自然辩证法》最初也是一个“反毕希纳”的构思——路德维希·毕希纳当时是一个非常有影响力的庸俗唯物主义宣传家，他希望将一切事情都化约为物质的运动。）尽管恩格斯蔑视杜林的“创造体系”，然而在《反杜林论》的“序言”中他仍提道，“论战转变成……辩证方法和共产主义世界观的比较连贯的阐述”②。鉴于诸如杜林、毕希纳、福格特和海克尔这些思想家提出的朴素唯物主义进化论观念在社会主义者中间日益流行，恩格斯为了“不在……党内造成派别分裂和

① 《马克思恩格斯选集》，2版，第4卷，258页。
② 《马克思恩格斯选集》，2版，第3卷，347页。

混乱局面的新的可能”[①]，提出了一种“更高级”形式的唯物主义一元论。

《反杜林论》最醒目的主题是唯物主义和辩证法，特别是对物质——一个在那时不为马克思使用而常为恩格斯使用的概念——的强调。恩格斯在《反杜林论》中还指出“运动和物质本身一样，是既不能创造也不能消灭的”[②]，因而是它们自己的终极原因。然而，与此同时，恩格斯又宣称他的唯物主义不同于“18 世纪的纯粹形而上学的、完全机械的唯物主义。……同这种自然观相反，现代唯物主义概括了自然科学的新近的进步”[③]。这体现在《反杜林论》三编的第一编即哲学编（另外两编研究的是政治经济学和社会主义）。恩格斯在这里让自己将“自觉的辩证法”运用到“唯物主义的自然观和历史观”[④] 中去。恩格斯确信，“在自然界里，正是那些在历史上支配着似乎是偶然事变的辩证法运动规律，也在无数错综复杂的变化中发生作用”[⑤]。恩格斯从将客体和思想看作静止的和孤立的形而上学思维方式及强调变化和联系的辩证法开始。

---

① 《马克思恩格斯选集》，2 版，第 3 卷，343 页。
② 同上书，400 页。
③ 同上书，363～364 页。
④⑤ 同上书，349 页。

作为辩证思想的伟大倡导者，黑格尔的伟大功绩在于“第一次……把整个自然的、历史的和精神的世界描写为一个过程，即把它描写为处在不断的运动、变化、转变和发展中”[1]。但是，黑格尔是一个唯心主义者，相比而言，恩格斯指出，现代唯物主义在根本上是辩证的：

> 不再需要任何凌驾于其他科学之上的哲学了。一旦对每一门科学都提出要求，要它们弄清它们自己在事物以及关于事物的知识的总联系中的地位，关于总联系的任何特殊科学就是多余的了。于是，在以往的全部哲学中仍然独立存在的，就只有关于思维及其规律的学说——形式逻辑和辩证法。其他一切都归到关于自然和历史的实证科学中去了。[2]

接着，恩格斯继续以批判杜林的方式，发展他自己的思想：人是自然界的产物，而人的意识，作为他的大脑的产物，也只是在人的精神中反映的自然界的产物。知识从根本上说是有限的，因为“事实上，世界体系的每一个思想映像，总是在客观上受到历史状况的限制，在主观上受到得出该思想映像的

① 《马克思恩格斯选集》，2 版，第 3 卷，362 页。

② 同上书，364 页。

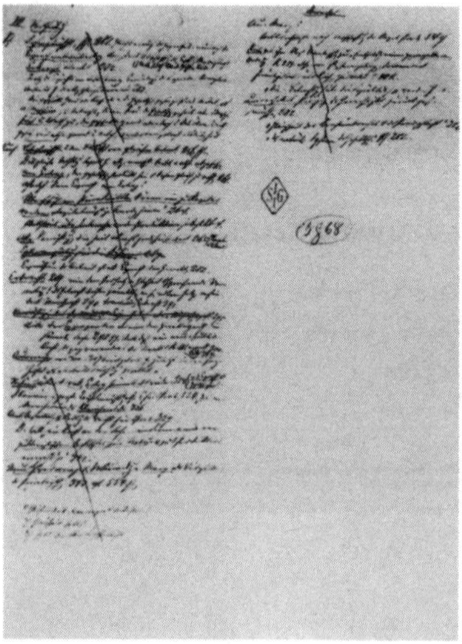

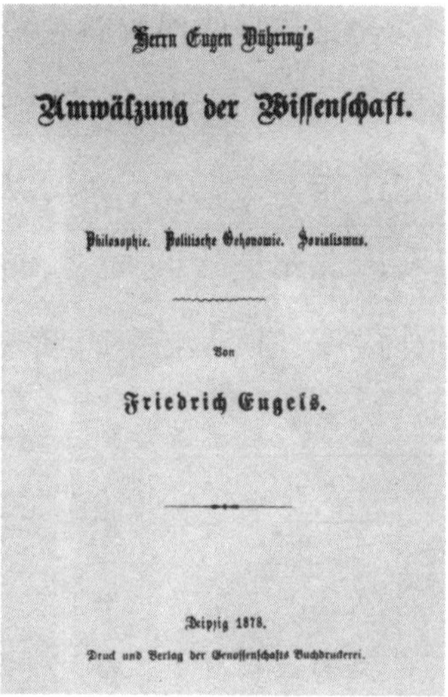

Herrn Eugen Dühring's

Umwälzung der Wissenschaft.

Philosophie. Politische Oekonomie. Sozialismus.

Von

Friedrich Engels.

Leipzig 1878.

Druck und Verlag der Genossenschafts-Buchdruckerei.

左图为恩格斯写作《反杜林论》的笔记，右图为《反杜林论》第1版扉页

人的肉体状况和精神状况的限制"①。以数学的例子为根据，恩格斯表明，所有的知识都是经验的，而且必然在现实世界中产生。在随后的一章中，恩格斯声称，世界的统一性在于它的物质性，他还试图表明，空间和时间是无限的。他赞同康德的天体从旋转的星云团中产生的观点，而且研究了对理解物理学和化学有用的运动和物质概念。生命的起源被用来解释达尔文的原理。

① 《马克思恩格斯选集》，2版，第3卷，376页。

然后，恩格斯继续否定无论是在科学、历史中还是在道德中存在的“永恒真理”。他对自由问题的看法基本上沿着黑格尔关于必然的思路，只要它不被理解，就只能是盲目的：自由是对必然的认识。然而，恩格斯试图完全承认：

> 整个人类历史还多么年轻，硬说我们现在的观点具有某种绝对的意义，那是多么可笑，这一点从下述的简单的事实中就可以看到：到目前为止的全部历史，可以称为从实际发现机械运动转化为热到发现热转化为机械运动这样一段时间的历史。[①]

他以对辩证法规律的简要说明结束了这一编。

在《自然辩证法》中，自然科学和辩证法的联系得到了很大的增强。保存下来的手稿开始于对现代科学发展的审视，接着思考太阳系的起源问题，并预见到这时候“日益衰竭的太阳热将不再能融解从两极逼近的冰，那时人们越来越聚集在赤道周围，最终连在那里也不再能够找到足以维持生存的热，那时有机生命的最后痕迹也将渐渐地消失，而地球，一个像月球一样死寂的冰冻的球体，将在深深的黑暗里沿着越来越狭小的轨道围绕着同样死寂的太阳旋转，最后就

① 《马克思恩格斯选集》，2版，第3卷，456页。

落到太阳上面。有的行星遭到这种命运比地球早些，有的比地球晚些；代替配置得和谐的、光明的、温暖的太阳系的，只是一个寒冷的、死去的球体，它在宇宙空间里循着自己的孤寂的轨道运行着”①。

在对维多利亚时代的唯灵论者作简要的论述之后，恩格斯描述了他所熟悉的辩证法的规律。他接着用一章的篇幅论述运动的概念及其基本形式：“运动，就它被理解为存在方式，被理解为物质的固有属性这一最一般的意义来说，囊括宇宙中发生的一切变化和过程，从单纯的位置变动起直到思维。”② 在恩格斯看来，从一种真正辩证的观点中可以得出双重的结论，物质既不能消灭也不能创造，运动既没有开始也没有结束。在这部著作的主要章节，这些思想通过对能源、潮汐摩擦、热力和电力等领域最新成果的研究而得到证实。所有这些运动形式基本上都是相互作用的。因此，“自然科学证实了黑格尔曾经说过的话（在什么地方?)：相互作用是事物的真正的终极原因。我们不能比对这种相互作用的认识追溯得更远了，因为在这之后没有什么要认识的东西了。我们认识了物质的运动形式（由于自然科学存在的时间并不长，我们在这方面的认识的确

① 《马克思恩格斯选集》，2 版，第 4 卷，275 页。

② 同上书，346 页。

还有很多缺陷)，也就认识了物质本身，因而我们的认识就完备了"[①]。在这里，恩格斯的物质观与德国浪漫主义哲学，例如谢林哲学，以及生命力理论有一种亲缘关系。这涉及用一种看似隐蔽的精神将物质装饰起来。因为尽管恩格斯说他的思想"根本不再是哲学，而只是世界观，它不应当在某种特殊的科学的科学中，而应当在各种现实的科学中得到证实和表现出来"[②]，但是，通过宣称使物质的精华进化为有思想的生命，他将一种深刻的目的论因素引入自己的思考中。

恩格斯的认识论是他的自然观不可缺少的组成部分。对恩格斯来说，人对外部世界的知识包括"映像"和"或多或少抽象的反映"[③]，而观念"只是现实世界的辩证运动的自觉的反映"[④]。或者说，"所谓的**客观**辩证法是在整个自然界中起支配作用的，而所谓的主观辩证法，即辩证的思维，不过是在自然界中到处发生作用的、对立中的运动的反映"[⑤]。与此同时，恩格斯绝不是想要完全放弃理论和实践相统一的原则：事实上，似乎有些悖谬的是，对这个原理最精确的表述——马克思

---

① 《马克思恩格斯选集》，2 版，第 4 卷，328 页。
② 《马克思恩格斯选集》，2 版，第 3 卷，481 页。
③ 同上书，363 页。
④ 《马克思恩格斯选集》，2 版，第 4 卷，243 页。
⑤ 同上书，317 页。

的《关于费尔巴哈的提纲》——是由恩格斯作为他自己的《路德维希·费尔巴哈和德国古典哲学的终结》一书的附录首次发表的。

对恩格斯的唯物主义而言，最核心的是他对黑格尔的理解。在晚年的恩格斯看来，黑格尔是一位“最伟大的天才”的思想家，他“对自觉的辩证的自然科学的关系，同空想主义者对现代共产主义的关系是一样的”[①]。确实，在老年黑格尔创造体系的做法与恩格斯在自然科学基础上使马克思主义体系化的倾向之间有某些相似之处。黑格尔也认为自然界中存在着辩证法——但它是从属于精神的普遍中介。像马克思一样，通过将黑格尔的哲学转换到置于唯物主义的基础上，恩格斯把黑格尔“倒转过来”，但结果并不是关于哲学可以被置于实践之中消解的思想——这是他们在 19 世纪 40 年代的思想特征。恩格斯没有考虑过哲学可以被付诸实践的内容这种观念，因为他预期在这个意义上有朝一日哲学将被完全取代。恩格斯的目标是建立一门像黑格尔的体系那样包罗万象的体系化的唯物主义；如果说这个体系主要是以“物质”代替“精神”作为绝对物，恐怕不算是过分简单化的评价。

---

① 《马克思恩格斯选集》，2 版，第 3 卷，350 页。

黑格尔及其《历史哲学讲演录》扉页

辩证法与这种“物质”之间的确切关系并不清晰。恩格斯表明，辩证的世界观体现在存在着“矛盾”的事物中。例如，－1的平方根概念是矛盾的，它表明负数可以是什么的平方。更具体地说，恩格斯为马克思辩护，因为马克思以水为例，运用质量互变规律指出，在一定的温度下，水会变成水蒸气。又如，通过为了植物生长，麦粒必然消失这个例子，恩格斯证实了马克思对否定之否定规律的运用。然而，恩格斯阐释道：

当马克思把这一过程称为否定的否定时，他并没有想

> 到要以此来证明这一过程是历史地必然的。相反地，他在历史地证明了这一过程部分地实际上已经实现，部分地还一定会实现以后，才又指出，这是一个按一定的辩证规律完成的过程。[①]

恩格斯预见到，有朝一日人们会放弃对“绝对真理”的探索，取而代之的是，“沿着实证科学和利用辩证思维对这些科学成果进行概括的途径去追求可以达到的相对真理”[②]。但是，这在一定程度上降低了辩证法的重要性，它只是一种对事实的简单重述，表明理论并未发挥应有的助益作用。恩格斯相信辩证法的基本“规律”能够得到清晰的阐述——而这是由黑格尔第一次实现的。在《自然辩证法》中，恩格斯认为这些“可归结为下面三个规律：量转化为质和质转化为量的规律；对立的相互渗透的规律；否定的否定的规律”[③]。这显然只能在含糊的意义上被称为“规律”。(可能颇有意义的是，它们并不是被用阐述规律的典型格式来表达的，即当一切的量积累到足够程度，就会发生质的变化。)例如，在否定之否定的规律中，识别何谓正题以及何谓反题就很困

① 《马克思恩格斯选集》，2版，第3卷，477页。

② 《马克思恩格斯选集》，2版，第4卷，220页。

③ 同上书，310页。

难。而恩格斯在对这些规律的具有启发性的特质的理解上也是模棱两可的：有时候，他给人的印象是，辩证思维不过就是对自然界不存在严格的、不可逾越的分界线的一种意识；但与此同时，他会谈论对这些规律的“证明”（他似乎指的是例证）并将辩证法描绘成“探寻新结果的方法”[①]，而不简单地被“证明”为对自然科学结果的一种非常普遍的（因而，有人可能会说，这几乎是多此一举的）概括。

有一则爱因斯坦的故事：当他面对《自然辩证法》手稿的时候，主张必须将它们保存起来，作为一个随着 19 世纪末的自然科学而产生的所有错误观念的引人入胜的概括。这很可能是杜撰的。作为后来被称为辩证唯物主义的基础，它们无疑具有巨大的影响力。

---

① 《马克思恩格斯选集》，2 版，第 3 卷，477 页。

第 5 章

结论：恩格斯和马克思

马克思和恩格斯对工人阶级的功绩，可以这样简单地来表达：他们教会了工人阶级自我认识和自我意识，用科学代替了幻想。

正因为如此，恩格斯的名字和生平，是每个工人都应该知道的。

——列宁

恩格斯与马克思（19 世纪 70 年代，素描）

为了对恩格斯做一个令人满意的描述，有必要尽可能地澄清他与马克思的关系。很多有关马克思主义的论述已经给人们留下了这样的印象：恩格斯和马克思是一种合二为一的人物。恩格斯自己也通过对他身份过分谦虚的描述传达了这种印象。他在 1884 年写道："我一生所做的是我注定要做的事，就是拉第二小提琴，而且我想我做得还不错。我很高兴我有像马克思这样出色的第一小提琴手。"① 但是，这也清楚地表明，恩格斯和马克思在性格和视野上是不同的。此外，恩格斯对马克思的成就做出了巨大的贡献——不仅体现在经济上和情感上，而且也构成了马克思思想发展的成因。

在很多方面，可能都会找到恩格斯和马克思很多不同的特征。例如：首先，恩格斯的衣服总是完美无瑕的：他经常修饰自己并着装整洁，马克思的女婿拉法格这样描述道："他总是

---

① 《马克思恩格斯文集》，第 10 卷，525 页，北京，人民出版社，2009。

精神抖擞，衣着整洁，就像在普鲁士军队当志愿兵时准备参加阅兵典礼似的。”[①] 马克思很少注意梳洗和修饰，被他的很多亲朋好友视为一个波希米亚人。其次，恩格斯有条不紊，像一个老女仆，他的书房像一个牙医的诊室，他的书和报纸都以一种无可挑剔的顺序摆放起来。马克思的书到处都是，而且经常混杂在家具物品中间。最后，恩格斯的笔迹是整齐清晰的，马克思的笔迹众所周知是难以辨认的。

从这些差别中可以引申出更重要的事实：马克思——尽管他有时候深感遗憾——基本上是一个重视家庭的人；他 17 岁的时候就订婚了，他保持着对自己妻子的终生爱恋，妻子给他生了 7 个孩子。相比而言，恩格斯一直没有结婚[②]；他在年轻时是一个非常风流的人，即使在曼彻斯特过着半单身的日子时也是如此，尽管他那时候爱着玛丽·白恩士。这种关于家庭生活态度的比较在他们的友谊中永远都是一个注脚。马克思的妻子不赞成与玛丽·白恩士交往，并拒绝与她见面。当玛丽逝世的时候，恩格斯抱怨马克思对这个消息“冷冰冰”的——尽管他自己内心的反应也很平淡。他将马克思的态度与他对同情的

① 参见中共中央马克思恩格斯列宁斯大林著作编译局编：《回忆恩格斯》，28 页。

② 恩格斯没有在法律意义上结婚，但为他的爱人莉希·白恩士举办了一个文化意义上的婚礼，此婚礼无法律效力。——译者注

“平庸”的认识做出比较，进而指出：“你却认为这个时刻正是表现你那冷静的思维方式的卓越性的时机。”[①] 马克思对此表示歉意，而恩格斯的回信表明，他不能在失去玛丽的同时再失去自己的好朋友。此外，马克思对莉希·白恩士逝世的评论确实表明，他有些瞧不起莉希没有文化。这些并非个别情况，从下述事实中可以看出：马克思的女儿销毁了不少关于马克思逝世的书信，这可能也伤害了恩格斯。

然而，他们关于家庭事务的不同做法确实使恩格斯为马克思提供了一种不同寻常的帮助：暂时接受了他的私生子弗里德里希·德穆特与自己的父子关系。事实上，马克思欠这位朋友的是数不清的。除了为他付出毕生深厚而稳定的友谊之外，所有这些也都意味着，恩格斯为马克思提供了最多的物质上的帮助。

19 世纪 40 年代末，马克思已经相对比较宽裕了，但是在伦敦定居之后，他实际上很快就陷入了贫困。在他生命的最后 30 年，马克思是靠恩格斯维持生计的。最初，出于安全的原因，恩格斯只能在信中邮寄相对少量的钱，或者将银行票据撕成两半分别邮寄。然而，从 19 世纪 60 年代末开始，恩格斯每

① 《马克思恩格斯全集》，中文 1 版，第 30 卷，310 页。

恩格斯和马克思起草《共产党宣言》(油画)

年都能为他提供丰厚的资助。从今天[①]的货币价值来看，恩格斯为马克思和他的家庭提供的资助超过了 10 万英镑。不止于此，恩格斯总是愿意放下自己的工作来支持马克思：当马克思获得了一份担任《纽约每日论坛报》通讯记者的工作，却对自己的英语感到力不从心的时候，恩格斯定期把文章发给他，马克思可以在寄出前署上自己的名字。当马克思向他请教军事问题、农业经济学、自然科学领域的新发展或以欧门-恩格斯公

① 这里指的是 20 世纪 70 年代中后期。——译者注

司为例简要介绍资本主义制度的实际运作方式时，他的朋友恩格斯随时准备提供必要的资料。

恩格斯对马克思的思想也产生了决定性的影响。在关键的时刻，恩格斯使马克思的注意力转向了他毕生的工作——经济学研究，并为他提供了一些基本概念。正是恩格斯在 1843 年底为马克思的《德法年鉴》寄去的文章《国民经济学批判大纲》第一次引起了马克思对政治经济学这门科学的兴趣。15 年后，马克思还将这篇文章描述为“批判经济学范畴的天才大纲”①。实际上，恩格斯勾勒了很多对马克思主义具有根本意义的主题：经济增长的决定因素；经济周期现象；一方面财富不断增长和另一方面日益贫困化之间的对比；阶级之间的两极分化和公开的竞争导致垄断的趋势。在构成《1844 年经济学哲学手稿》的诸多笔记本中，马克思在经济学部分摘录的第一部作品就是恩格斯的这篇文章。马克思的这一灵感主要是受到了恩格斯的启发，当恩格斯和马克思 1844 年 9 月在伦敦会面时，他们发现彼此“在一切理论领域中都显出意见完全一致”②。第一次阐明唯物主义历史观的几部著作——《神圣家族》《德意志意识形态》和《共产党宣

① 《马克思恩格斯选集》，2 版，第 2 卷，33 页。

② 《马克思恩格斯选集》，2 版，第 4 卷，196 页。

言》——都是他们合作完成的。《英国工人阶级状况》巩固了恩格斯的这种影响，其丰富的细节在《国民经济学批判大纲》的很多主题中得到了持续的体现。此外，恩格斯的著作开创性地使用了注册总局局长、工厂督察总监和议会调查人员所提供的统计学资料。这为马克思将他使用的这些令人印象深刻的资料运用到《资本论》的历史部分埋下了伏笔。最后，恩格斯为编辑《资本论》后两卷所做出的巨大贡献不应该为人们所遗忘。这项工作占用了他生命最后 12 年的精力，除了他之外，没有人能为我们提供今天的《资本论》第 2 卷和第 3 卷。

Das Kapital.

Kritik der politischen Oekonomie.

Von

Karl Marx

Zweiter Band.

Buch II: Der Cirkulationsprocess des Kapitals.

Herausgegeben von Friedrich Engels.

Das Recht der Uebersetzung ist vorbehalten.

Hamburg
Verlag von Otto Meissner.
1885.

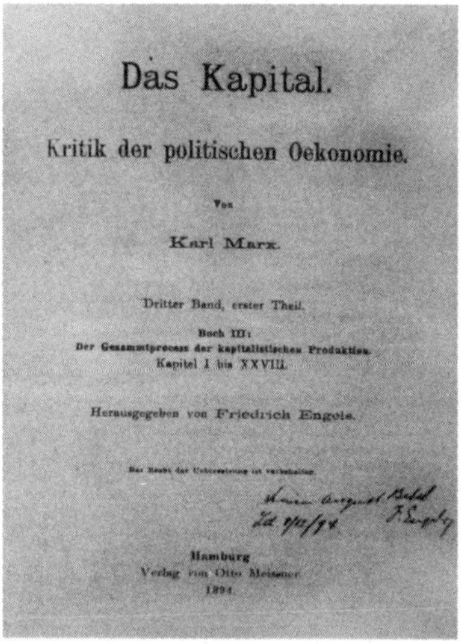
Das Kapital.

Kritik der politischen Oekonomie.

Von

Karl Marx.

Dritter Band, erster Theil.

Buch III:
Der Gesammtprocess der kapitalistischen Produktion.
Kapitel I bis XXVIII.

Herausgegeben von Friedrich Engels.

Das Recht der Uebersetzung ist vorbehalten.

Hamburg
Verlag von Otto Meissner.
1894.

《资本论》德文版第 2 卷（1885 年）和第 3 卷（1894 年）

恩格斯在如下这段话中概述了他与马克思的关系：

> 我不能否认，我和马克思共同工作 40 年，在这以前和这个期间，我在一定程度上独立地参加了这一理论的创立，特别是对这一理论的阐发。但是，绝大部分基本指导思想（特别是在经济和历史领域内），尤其是对这些指导思想的最后的明确的表述，都是属于马克思的。我所提供的，马克思没有我也能够做到，至多有几个专门的领域除外。至于马克思所做到的，我却做不到。①

认为恩格斯在这里有些过于谦虚主要有两个原因：一是（正如上面详细说明的）恩格斯确实在马克思职业生涯开始的阶段对他产生了决定性的影响。二是恩格斯总是强调一种稍微不同的观点，尤其是在马克思逝世后，这一点得到了凸显。当恩格斯形成对“马克思主义”的解释之后，在某种程度上与马克思自己的观点是有些差别的。据说，马克思逝世后恩格斯仍然让他尽的义务是为马克思主义思想的细微差别承担责任，而现代马克思主义者不能或不想捍卫这些不同的观点，他们显然不能接受这样的意见：马克思的著作和晚年恩格斯的观点之间

① 《马克思恩格斯选集》，2 版，第 4 卷，242 页。

没有连续性。但是，差别同样也在那里，他们朝不同的方向走了很长一段路。

恩格斯和马克思的家庭背景与教育经历是非常不同的，这必然对他们后来思想的发展产生某种影响。首先，恩格斯在一个虔信派家庭中长大，他从自己的宗教信仰中解放出来要经过艰难的抗争，因此，他的唯物主义观点比马克思的更明显，也更有论战性，他似乎从来没有过完全为宗教所吸引的经历。其次，恩格斯是一个自学成才的人，靠经商或服兵役谋生，在业余时间思考问题，而且很快就转向了对经济学和工人阶级的研究。特别是，他从未经历过深刻的、系统的、与黑格尔思想的专门搏斗，而马克思在信奉共产主义之前，花了七年时间对此进行艰辛的探索。这些差别往往在马克思和恩格斯共同事业的非正式分工中得到了增强。马克思致力于研究政治经济学，而恩格斯则关注军事史，尤其是自然科学。此外，在马克思集中研究唯物主义历史观的更根本的方面，恩格斯承担起捍卫他们共同观点的任务——这个任务几乎必然要涉及过于简单化的问题。

这些不同的背景和成见的结果清晰地体现在恩格斯的《共产主义原理》和马克思负责完成的《共产党宣言》最后定稿这两部文献的比较中。从黑格尔思想、青年黑格尔派和法国社会主义的背景来看，马克思强调政治、自我意识和阶级斗争；恩格斯对英国政治经济学印象深刻，谈论更多的是技术发展和工业革命的经济结果。马克思的研究涵盖的辩证转化似乎借鉴了黑格尔的思想；恩格斯具有一种技术决定论的发展观念，更多借鉴的是启蒙思想。

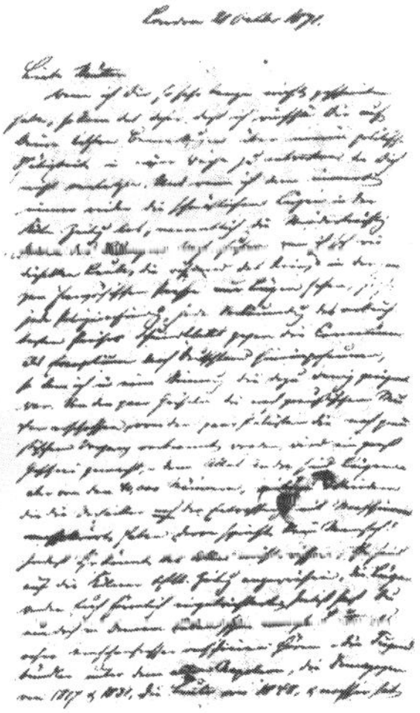

左图为恩格斯的母亲伊丽莎白·弗兰契斯卡·毛里齐娅·恩格斯，右图为恩格斯 1871 年写给母亲的信

这些差别在他们关于历史发展和共产主义的本质的观点中也体现得很明显：马克思看到的是从公有制农业社会中产生的多线性发展路径；而恩格斯，特别是在《家庭、私有制和国家

的起源》中，看到的只是一种单线的发展路径。但是，这种差别最显著地体现在他们的共产主义构想中。恩格斯在《反杜林论》中的构想是简单而乐观的。一旦生产方式为社会所占有，那么

> 人们自身的社会结合一直是作为自然界和历史强加于他们的东西而同他们相对立的，现在则变成他们自己的自由行动了。至今一直统治着历史的客观的异己的力量，现在处于人们自己的控制之下了。只是从这时起，人们才完全自觉地自己创造自己的历史；只是从这时起，由人们使之起作用的社会原因才大部分并且越来越多地达到他们所预期的结果。这是人类从必然王国进入自由王国的飞跃。[①]

相比而言，马克思在《资本论》中写下了一个有关生产劳动领域的著名段落：

> 自由只能是：社会化的人，联合起来的生产者，将合理地调节他们和自然之间的物质变换，把它置于他们的共同控制之下，而不让它作为盲目的力量来统治自己；靠消耗最小的力量，在最无愧于和最适合于他们的人类本性的

① 《马克思恩格斯选集》，2版，第3卷，634页。

条件下来进行这种物质变换。但是不管怎样，这个领域始终是一个必然王国。在这个必然王国的彼岸，作为目的本身的人类能力的发展，真正的自由王国，就开始了。但是，这个自由王国只有建立在必然王国的基础上，才能繁荣起来。①

这两段话形成了鲜明的对比。马克思没有恩格斯乐观，却比恩格斯更辩证：必然王国是不能消除的，而且必须被用来作为一种根深蒂固的基础。

这种对人类历史最后形式的不同态度从一开始就伴随着马克思和恩格斯的思想差别而存在着。正是恩格斯接受了摩尔根的两性关系演化的观点（在他著作最站不住脚的部分），他才采用了达尔文主义的方式，解释不同于后来历史发展的原始社会的动力。马克思很少关注这个领域，他的兴趣主要集中在氏族制度上。他正是在这种经济—政治的框架内思考女性的社会地位问题的；相比而言，恩格斯认为各种形式的杂交是极为重要的。总的来说，恩格斯倾向于将当下的社会与原始共产主义和未来共产主义进行对比，在某种程度上，他将过去的理想的

① 《马克思恩格斯全集》，中文 1 版，第 25 卷，926～927 页，北京，人民出版社，1974。

共产主义当作即将到来的共产主义的模型。在这一点上，他追随的是卢梭。然而，马克思没有将当下的社会与原始共产主义进行这样的类比，没有这样来理解原始共产主义，他将这本身看作一个孕育未来共产主义的辩证过程。在这一点上，他追随的是黑格尔。

恩格斯对马克思的遗产所作的贡献中最终起决定作用的是，他形成了这样一种趋势：将马克思的观点转化为一种世界观，一种哲学体系，一种对世界的解释。无论是马克思主义社会民主党党员巨大的增长数字，还是作为把握人类进步的关键的自然科学日益增加的声望，都促进了这个过程。信仰马克思主义的人数增长要求一个系统的学说，这是很容易理解的；而科学观念的威望增加，意味着它必须以这样的学说来指导，因为社会民主党的普通党员已经受到庸俗唯物主义世界观的强烈影响。恩格斯的天赋在于他是一个文思敏捷和表述清晰的作家——一个最具有语言表达才能的普及者，这使他令人敬佩地发挥了新兴的马克思主义运动的理论导师的作用。早在马克思墓前的讲话中，他就已经宣称："正像达尔文发现有机界的发展规律一样，马克思发现了人类历史的发展规律"①。

① 《马克思恩格斯选集》，2版，第3卷，776页。

恩格斯就这样将马克思的观点逐渐同化为科学的世界观，当然，马克思自己也称他的著作是科学的（黑格尔也是如此），但是，在他的著作中这个术语没有多少自然科学方法论的内涵。正是恩格斯和他的继承者使“科学社会主义”这个概念的意义变得狭窄并逐渐削弱了。在这种语境中，很重要的是：恩格斯在《反杜林论》和《自然辩证法》中频繁使用的“物质”概念与马克思的著作完全无关。恩格斯所说的辩证法的规律在自然界客观存在且在独立于人的头脑的条件下发挥作用。因而，自然的世界和历史的世界被分解为两个独立的研究领域。而对马克思来说，辩证法的核心内容恰恰就是人与环境的相互作用。在马克思看来，任何构造一种外在于历史过程本身的历史过程研究的客观依据的尝试都是注定要失败的：因为所有的思想都是社会的，其意义只有通过对社会的研究才能够把握。

关于这种差别的一个具体例证是马克思和恩格斯对待费尔巴哈的态度。马克思批判费尔巴哈，是因为费尔巴哈不能以历史的方式来理解唯物主义，因而不能看到人类历史受到其物质需求的制约；而恩格斯攻击费尔巴哈，是因为他不能把“世界理解为一种过程，理解为一种处在不断的历史发展中的物质”①，因而是一个“唯心主义者”②。恩格斯很愿意用相对比较长的时间致力于研究费尔巴哈（就像他的追随者普列汉诺夫一样），这也是他唯物主义——作为对世界的一种哲学解读——感兴趣的问题所在。

尽管恩格斯自然不能承担马克思主义学说演变的唯一责任，但正是他的权威解释对后来的马克思主义者产生了持久的吸引力，尤其是在哲学领域。马克思主义开始逐渐等同于辩证唯物主义——一种不仅在马克思的文本而且在恩格斯的文本中缺少的表述（它首先是由狄慈根在 19 世纪 70 年代使用的，使它广为流行的是列宁的老师普列汉诺夫，他严重地依赖恩格斯的思想）。关于具体的哲学问题，第二国际的主要理论家，以考茨基为首，都深受恩格斯的影响。确实，他们中的很多人是通过阅读《反杜林论》而走向马克思主义的。在俄国也是如此，列宁的著作《唯物主义和经验批判主义》采用的就是类似的论调。这部著作（不像他后来的《哲学笔记》）更为重视的是其政治目的——为了防止布尔什维克遭受非正统哲学的攻击——而不是为了其哲学价值，这个价值是非常弱的。列宁几

① 《马克思恩格斯选集》，2 版，第 4 卷，228 页。

② 同上书，231 页。

乎只依赖于引用恩格斯的话，马克思明显是不在场的。粗陋的唯物主义是最保守的理论，不足为奇的是，随着斯大林主义政权的巩固，对恩格斯思想的庸俗化就成为苏联哲学教科书的主要内容——这种情况至今①也没有得到多大的改变。

恩格斯在晚年的很多书信中都批判了把马克思主义庸俗化、教条化的倾向，图为恩格斯写给康拉德·施米特、约瑟夫·布洛赫等人的信

---

① 这里指的是 20 世纪 70 年代后期。——译者注

对此的反应是不可避免的：乔治·卢卡奇是其中第一个也是最有影响力的反对者，他在《历史与阶级意识》（1921 年）中提出了一种对马克思非常黑格尔化的解读，这与恩格斯的版本形成了强烈的对比。卡尔·科尔施几乎紧随其后出版了《马克思主义和哲学》。更具有决定意义的是，马克思更具有人道主义意义的早期文本在 20 世纪 30 年代初出版，有助于为西方马克思主义提供一个不同的侧重点。确实，对大多数马克思主义活动家来说，在自然中存在辩证法的问题（相对于社会中的辩证法）似乎是一个准形而上学问题，对消除紧迫的政治和社会问题来说是遥不可及的。而这种反应只是在最近马克思主义的结构主义版本和对马克思的方法论问题的研究旨趣中得到了部分的缓和。

然而，这些思考不应以任何方式减弱我们对恩格斯为社会主义运动所做出的巨大贡献的赞赏。马克思这样描述他的朋友，“他是一部真正的百科全书，不管在白天还是黑夜，不管是头脑清醒还是喝醉酒，在任何时候他的工作能力都很强，写作和思索都极快”[1]。确实如此，恩格斯的博学是引人注目的。正如恩格斯自己首先承认的，尽管他缺乏马克思那样卓越的天

---

① 《马克思恩格斯全集》，中文 1 版，第 28 卷，604 页，北京，人民出版社，1973。

才，但他在最多样的发展方向发挥了自己强大的天赋。恩格斯是一个一流的语言学家、杰出的军事理论家，至少是一个与马克思同等水平的历史学家，人类学的先驱，以及很多新兴的马克思主义政党公认的导师。恩格斯对 18 世纪启蒙运动的学术思想遗产的借鉴也许比马克思更多，而他的博学让人想起 18 世纪的启蒙思想家。他还对启蒙运动具有一种抑制不住的乐观态度，在真正的无产阶级革命即将来临之际，他始终坚守自己的信念——这个可能难以坚守的信念已经在问题更多的 20 世纪幸存下来了。

延伸阅读

恩格斯——不同于很多其他的马克思主义者——有一种清晰的表达方式，使用的专业术语最少，因而容易解读。这可能就是对他的评论几乎比任何其他主要的社会主义思想家都少的原因所在。正因为如此，我们要直接回到原始文本。

1. 全集

马克思和恩格斯著作完整的英文版本，由劳伦斯与维沙特出版社在伦敦出版，也由国际出版公司在纽约出版。内容总共有 50 卷。

2. 选集

恩格斯著作唯一的一部英文版选集是《恩格斯》（W. O. 汉德森主编，哈蒙兹沃斯 1967 年版）。有很多将马克思和恩格斯的著作编在一起的选集，其中最流行的也许是《卡尔·马克思和弗里德里希·恩格斯选集》(莫斯科 1935 年版，多次重印)。这个选集具有完整再现摘录内容的优势，包括《家庭、私有制和国家的起源》《路德维希·费尔巴哈和德国古典哲学的终结》的全文以及《反杜林论》的大部分内容。少量摘录文本包括《马克思恩格斯政治学和哲学基本著作选》(L. 福伊尔主编，纽约 1959 年版)，以及《马克思恩格斯文选》(R. 塔克主编，纽约 1972 年版)。还有很多在莫斯科出版的选集，如《马克思恩格斯论宗教》《马克思恩格斯论爱尔兰》《马克思恩格斯论英国》《马克思恩格斯论文学和艺术》等等。

3. 个人专著

《反杜林论》《路德维希·费尔巴哈和德国古典哲学的终结》《自然辩证法》《家庭、私有制和国家的起源》被翻译成英文并由劳伦斯与维沙特出版社和国际出版公司出版，后者包括爱琳娜·利科克撰写的内容丰富的导言。恩格斯论 1848—1849 年德国革命的文章由爱琳娜·马克思编入《1848 年德国的革命和反革命》(伦敦 1971 年版)，此外，恩格斯论军事问题的文章由 W. O. 汉德森和 O. 查洛纳编成《作为军事评论家的恩格斯》(*Engels as Military Critic*，伦敦 1959 年版) 一书。这两位编者还编译出版了《英国工人阶级状况》的新译本(牛津 1958 年版)。关于这个版本的评论对理解恩格斯非常重要。另外，可参见由 E. 霍布斯鲍姆撰写导言的版本（圣奥尔本斯 1969 年版）。

4. **评论**

S. 马尔库斯从文学和心理学角度撰写了一部关于恩格斯的《英国工人阶级状况》的评论——《恩格斯、曼彻斯特和工人阶级》(*Engels*，*Manchester*，*and the Working Class*，纽约 1974 年版)。关于传记，可参见古斯塔夫·迈耶的《弗里德里希·恩格斯》节略本（伦敦 1936 年版），这只是迈耶撰写的辉煌的两卷本德文版传记的一个苍白的影子，它是迄今为止可以参阅的最好的传记。格雷斯·卡尔顿的《弗里德里希·恩格斯：被遮蔽的先知》(*Friedrich Engels*：*The Shadow Prophet*，伦敦 1965 年版)，是一本相当薄的书。俄国人写的英文传记《弗里德里希·恩格斯传》（*Frederick Engels*：*a biography*，莫斯科 1974 年版)，其中包括大量的细节。同样如此的还有民主德国版的《弗里德里希·恩格斯传》(德累斯顿 1972 年版)。值得提及的是，W. O. 汉德森的《弗里德里希·恩格斯的生活》（*The Life of Friedrich Engels*，伦敦 1976 年版）两卷本，这本书强调恩格斯个性的一面，具有真实的历史感，但也对恩格斯缺乏同情心，几乎没有对作为理论家的恩格斯做出任何评价。关于晚年恩格斯个性方面的论述，还可以参见Y. 卡普的《爱琳娜·马克思：拥挤的年代》(*Eleanor Marx*：*The Crowded Years*，伦敦 1976 年版)。嘉瑞斯·斯特曼·琼斯出版了一部关于恩格斯生平和思想的完整的研究著作。[①]

① 还有崔斯特瑞姆·亨特撰写的《穿礼服的共产主义者：弗里德里希·恩格斯的革命生涯》(*The Frock-Coated Communist*：*The Revolutionary Life of Friedrich Engels*，伦敦 2009 年版)，值得一读。——译者注

生平年表

1820 年

11 月 28 日生于德国巴门市

1834—1837 年

就读于爱北斐特中学

1837—1838 年

在不来梅他父亲的公司工作

1838—1841 年

在不来梅做办事员

1842 年

11 月：与马克思第一次会面

在柏林服兵役；撰写一系列著作对谢林做了尖锐的批判

1842—1844 年

在曼彻斯特他父亲的公司工作；其间结识爱尔兰女工玛丽·白恩士，后来同她在一起生活

1844 年

开始与马克思合作，合著《神圣家族》；撰写《国民经济学批判大纲》等文章

1845 年

移居布鲁塞尔，与马克思共同从事革命活动；撰写《英国工人阶级状况》

1846 年

与马克思一同撰写《德意志意识形态》

1847 年

在巴黎和伦敦参加共产主义者同盟的活动

1848 年

《共产党宣言》在伦敦出版；在科隆的《新莱茵报》工作

1849 年

1848 年革命失败；在南德意志参加军事战役；乘船去伦敦，投入共产主义者同盟中央委员会的工作

1850 年

移居曼彻斯特，在欧门-恩格斯公司工作

1851 年

开始为《纽约每日论坛报》撰稿

1860 年

父亲逝世

1863 年

玛丽·白恩士在曼彻斯特逝世

1869 年

离开欧门-恩格斯公司，从此全力以赴地投身于无产阶级解放事业；着手撰写《爱尔兰史》

1870 年

迁居伦敦，住在马克思家附近

1870—1872 年

为第一国际工作；将马克思著作《法兰西内战》译成德文；撰写《论权威》

1873 年

母亲逝世

1873—1878 年

撰写《自然辩证法》

1876—1878 年

撰写《反杜林论》

1878 年

莉希·白恩士逝世

1883 年

马克思在伦敦逝世；恩格斯在马克思的葬礼中发表墓前讲

话；着手整理马克思的遗稿

1884 年

撰写《家庭、私有制和国家的起源》

1885 年

整理《资本论》第 2 卷并在汉堡出版

1886 年

撰写《路德维希·费尔巴哈和德国古典哲学的终结》

1887 年

经恩格斯审定的《资本论》第 1 卷英文版出版

1889 年

参加在巴黎召开的国际社会主义工人代表大会的筹备工作，这次代表大会标志着第二国际的成立

1893 年

担任第二国际苏黎世大会名誉主席

1894 年

整理《资本论》第 3 卷并在汉堡出版

1895 年

为马克思的著作《法兰西阶级斗争》撰写导言；8 月 5 日在伦敦逝世

译后记

麦克莱伦教授是中国读者非常熟悉的马克思传记作家和马克思主义哲学史家，他撰写的《马克思传》《马克思以后的马克思主义》《马克思主义以前的马克思》《青年黑格尔派与马克思》等著作影响了几代学人。自20世纪80年代以来，麦克莱伦教授多次到中国访问并发表学术演讲，也与很多中国学人建立了深厚的友谊。

2013年在英国访学期间，段忠桥教授通过邮件介绍我与麦克莱伦教授结识，麦克莱伦教授热情而友好的回信让我非常感动。我们相约两次到坎特伯雷他的家中探讨马克思的正义论与英国马克思主义传统等话题。坎特伯雷是罗马天主教会在英国最早的落脚点，是英国宗教文化的“圣城”，几乎每天都有来自世界各地的信徒和游客前去朝圣。走过这座城市最繁华的街道，就到了窗前开满鲜花的麦克莱伦教授家。不知有多少来自世界各地的马克思主义哲学研究者走进过这个坐落在坎特伯雷大教堂对面的房子，我相信它与这座城市很多著名的历史景观一样，已经成为英国历史的一部分。在这个房子的每个角落，几乎都可以找到有关马克思的文化印记。在房子中间的小花园里，有绿草红花、黄色的小猫和一只见证过不少岁月的乌龟，房间的设计布局洋溢着浪漫的古典气息。与麦克莱伦教授共进午餐的时候，他幽默的谈吐和亲切布菜的情景令人难忘。

值得提及的是，麦克莱伦教授编译的英文版《卡尔·马克思著作选》《1844 年经济学哲学手稿》《1857—1858 年经济学手稿》等文献在英美学界享有盛誉。我曾在伦敦国王学院图书馆看到，在他主编的《卡尔·马克思著作选》一书上留下了很多读者的笔迹。从该书的借阅卡上可以发现，读者的年龄相差 30 多岁，可以说这部著作选影响了不止一代人。与他的其他著作一样，这部著作选对人们理解马克思文本的历史语境很有帮助。他曾向我谈及编选这部著作选和他将《1844 年经济学哲学手稿》译成英文的初衷："在 20 世纪，马克思的很多著作都在德国出版了。《1844 年经济学哲学手稿》就是最好的例子。从 20 世纪 30 年代开始，陆续出版了很多马克思的书。马克思的大多数著作都是在他逝世后出版的，将它们翻译成英文，当然是有价值的。当我在 20 世纪 60 年代末开始研究马克思的时候，就想将《1844 年经济学哲学手稿》译成英文。我不是第一个译者，但我确实使它成为一个流行的版本，使人们更好地了解它。20 世纪 70 年代以来，人们当然能读到《马克思恩格斯选集》德文版。当时，很多人要研究马克思主义，但他们不懂德语。出版包括《马克思恩格斯全集》50 卷在内的马克思著作英文版肯定变得越来越重要了。我编辑《卡尔·马克思著作选》是为了聚焦马克思、恩格斯的一些重要著作，让人们更好地了解他们的关键作品。他们的著作在庞大的 *MEGA* 中出版了，但我不认为它真能改变人们对马克思的解读。尽管某些来自 *MEGA* 的事情可能非常有趣，比如‘两个马克思’，但它对改变人们头脑中的马克思的形象是非常有限的。”因篇幅所限，这段话后来没有在我们的对话中发表，但给我留下了非常深刻的印象。

2013 年仲秋时节，麦克莱伦教授来北京访问，我邀请他到中国人民大学哲学院发表学术演讲。“马克思、浪漫主义与生态学”是他这次演讲的主题。在此过程中，我们又围绕恩格斯哲学谈了很长时间，并形成翻译本书的意向。不久，中国人民大学出版社余盛编辑来访，我与他谈及翻译出版该书的意向，他觉得这是一个有功于国内马克思主义研究的学术选题，在与出版社同人商定之后，就与国外出版商联系购买了该书的版权，我们很快就此再次合作了。

麦克莱伦教授撰写的《马克思传》与梅林撰写的《马克思

传》和伯林撰写的《马克思传》一样著名，而且独树一帜。相比而言，他撰写的这部言简意赅的《恩格斯传》则不为中国读者所熟知。该书在英国出版已近 40 年，这次以中文形式出版之前，麦克莱伦教授对原文略做了调整，主要是对本书“延伸阅读”部分进行了必要的删节和补充，并撰写了中文版序言，表达了自己关于恩格斯生平和思想及其当代价值的新见。在翻译过程中，我曾遇到个别字句的难译之处，麦克莱伦教授在邮件中为我做出了详细的解答。

值得提及的是，本书的英文版有两种版式：一种类似于我们熟悉的“口袋书”，印制精巧而易于携带；另一种则设计成常规的学术普及读物。大概出于篇幅更为简洁的考虑，在这两种版式中，麦克莱伦教授都未列出其中引文的出处和页码。考虑到马克思主义研究者和爱好者进一步阅读的需要，我在翻译时标明了书中所引马克思、恩格斯文献和重要回忆文章的出处和页码，这些内容均以中央编译局的译本为准。关于书中出现的几处不为人们所熟知的历史概念或历史事实，我在脚注中做出了简要的说明。

本书是麦克莱伦教授为普及恩格斯的生平和思想而撰写的一个小册子，无论是与他撰写的《马克思传》相比，还是与崔斯特瑞姆·亨特、叶·斯潘杰诺娃等作家撰写的恩格斯传记作品相比，都是有些简短的，它实则是适合不熟悉恩格斯生平和思想的读者的入门读物。恰也因为其简洁、概要，基本涵盖了对恩格斯最重要的经历和最精彩的文献的勾勒，因而为想在短时间内把握恩格斯生平和思想概况的读者节省了很多阅读的时间。如同麦克莱伦教授对恩格斯的《英国工人阶级状况》的评价一样，“简洁而连贯”大概正是这本小书的妙处。

臧峰宇

于中国人民大学人文楼

2014 年夏

图书在版编目（CIP）数据

恩格斯传/（英）戴维·麦克莱伦著；臧峰宇译．—北京：中国人民大学出版社，2017.3

ISBN 978-7-300-23547-9

Ⅰ.①恩… Ⅱ.①戴…②臧… Ⅲ.①恩格斯（Engels，Friedrich 1820—1895）—传记 Ⅳ.①A721

中国版本图书馆 CIP 数据核字（2016）第 270357 号

恩格斯传

［英］戴维·麦克莱伦（David McLellan） 著

臧峰宇 译

Engesi Zhuan

出版发行	中国人民大学出版社		
社　址	北京中关村大街 31 号	**邮政编码**	100080
电　话	010－62511242（总编室）		010－62511770（质管部）
	010－82501766（邮购部）		010－62514148（门市部）
	010－62515195（发行公司）		010－62515275（盗版举报）
网　址	http://www.crup.com.cn		
经　销	新华书店		
印　刷	北京联兴盛业印刷股份有限公司		
开　本	890 mm×1240 mm 1/32	**版　次**	2017 年 3 月第 1 版
印　张	4.125 插页 3	**印　次**	2023 年 5 月第 4 次印刷
字　数	65 000	**定　价**	29.00 元